新质

New Quality
Productive Forces

生产力

中国经济高质量发展的澎湃动能

北京大学光华管理学院◎主编

刘俏 陈玉宇 张影 等◎著

人民邮电出版社

北 京

图书在版编目（CIP）数据

新质生产力 ：中国经济高质量发展的澎湃动能 ／ 北京大学光华管理学院主编 ；刘俏等著. -- 北京 ：人民邮电出版社，2024. 7. -- ISBN 978-7-115-64677-4

Ⅰ．F120.2

中国国家版本馆 CIP 数据核字第 20249EV173 号

◆ 主　　编　北京大学光华管理学院
　　著　　　　刘　俏　陈玉宇　张　影　等
　　责任编辑　陈　昇　孙燕燕
　　责任印制　周昇亮

◆ 人民邮电出版社出版发行　　　北京市丰台区成寿寺路 11 号
　　邮编　100164　　电子邮件　315@ptpress.com.cn
　　网址　https://www.ptpress.com.cn
　　涿州市京南印刷厂印刷

◆ 开本：720×960　1/16
　　印张：15.25　　　　　　　　　　2024 年 7 月第 1 版
　　字数：138 千字　　　　　　　　2024 年 7 月河北第 1 次印刷

定价：79.80 元

读者服务热线：**(010)81055296**　印装质量热线：**(010)81055316**
反盗版热线：**(010)81055315**
广告经营许可证：京东市监广登字 20170147 号

前　言

2023 年 9 月，习近平总书记在黑龙江考察调研时发表重要讲话，首次提出"新质生产力"。2023 年 12 月召开的中央经济工作会议提出，要以科技创新推动产业创新，特别是以颠覆性技术和前沿技术催生新产业、新模式、新动能，发展新质生产力。2024 年 1 月 31 日，中共中央政治局就扎实推进高质量发展进行第十一次集体学习，习近平总书记从理论和实践上系统阐明了新质生产力的科学内涵，指出发展新质生产力的重大意义，并对发展新质生产力提出明确要求。

新质生产力以全要素生产率大幅提升为核心标志。北京大学光华管理学院的一项多年跟踪研究发现：国内生产总值（GDP）增速与全要素生产率增速之间存在显著的正相关关系，超过 65% 以上的 GDP 增速能够被全要素生产率增速解释。这一发现强调了提高全要素生产率对于维持经济稳定增长的重要性，同时随着经济发展进入新常态，传统的要素驱动模式已难以为继，而全要素生产率提升已成为推动经济持续健康发展的关键动力。

如何阐释新质生产力理论并指导高质量发展新实践？创新

驱动力从何而来又如何促成产业发展闭环？如何全面深化改革并形成与新质生产力相适应的新型生产关系？围绕新质生产力的关键问题，北京大学光华管理学院组织学者开展了深入分析和系统研究，形成了一系列丰硕的研究成果，为理解和提升全要素生产率提供了理论基础和实践指导，为培育新质生产力提供了可参考的增长策略和发展路径。

本书分为三大维度、六个部分。

第一个维度是在理论和实践结合上进行系统梳理、总结和提炼，综合阐释新质生产力理论如何指导高质量发展新实践，如何推动社会主义政治经济学的中国化时代化。该维度主要在本书第一部分中呈现。由刘俏、滕飞、颜色执笔。

第二个维度是围绕创新驱动发展，分析如何在科技创新上培育新质生产力新动能，如何将科技创新成果应用到具体产业和产业链上，并围绕新一轮技术革命中数字经济和绿色经济这两条清晰主线开展专门研究。该维度主要在第二、三部分中呈现。由仲为国、陈玉宇、张影、翁翕、徐江旻执笔。

第三个维度是围绕全面深化改革，阐释如何形成与新质生产力相适应的新型生产关系，建立高标准的实体经济和资本市场体系，提升生产要素市场配置效率，扩大高水平对外开放，打通束缚新质生产力发展的堵点卡点，等等。该维度主要在第四、五、六部分中呈现。由刘俏、张峥、刘晓蕾、张庆华、周黎安、唐遥、韩鹏飞执笔。

第一部分　发展新质生产力理论，指导高质量发展新实践

习近平总书记强调："高质量发展需要新的生产力理论来指导，而新质生产力已经在实践中形成并展示出对高质量发展的强劲推动力、支撑力，需要我们从理论上进行总结、概括，用以指导新的发展实践。"

因此，研究新质生产力理论，首先要以问题为导向，综合研究其基本内涵的理论基础、关键特征和实践路径等。《培育新质生产力的几个关键问题》围绕新质生产力的理论内涵，培育新质生产力的重点领域和路径空间，新质生产力发展过程中"有效市场"和"有为政府"如何有效结合，如何通过科研进一步推进新质生产力的形成，如何因地制宜并实现区域协调等问题，进行了综合研究和分析，并结合理论探索进行深入的政策判断。

生产力理论是马克思主义理论体系中最重要、最基本的组成部分，也是社会主义政治经济学的基石，新质生产力理论是马克

思主义生产力理论中国化时代化的集中体现。《新质生产力的理论内涵——经济思想史的视角》通过梳理经济学在历史发展过程中的思想维度，立足马克思主义政治经济学的价值立场，深入分析了新质生产力理论与时俱进的理论品质，体现了其理论和实践、历史与现实辩证统一的过程。

新质生产力要"以全要素生产率大幅提升为核心标志"。在经济分析和测度上，全要素生产率可以分解成前沿技术进步和技术效率两个部分。前沿技术进步是由技术创新所带来的生产能力前沿的拓展；技术效率则是在既定技术前沿下生产规模、要素配置和产业结构优化带来的效率水平提升。因此，全要素生产率指标及其结构可以从多个方面反映新质生产力的发展状况。《中国全要素生产率测算、分析与预测》介绍了我国全要素生产率的估算方法，分析了其在不同发展阶段的变化趋势，并通过国际比较，结合我国经济增长模式特点，提出了相应的政策建议。

第二部分　完善科技创新机制，推动成果转化和产业提升

发展新质生产力，提高全要素生产率，首先需要拓展科技前沿，而拓展科技前沿需要深刻把握科技创新和产业进步的规

律。在过去的赶超阶段，存在后发优势，前沿技术方向明确，重要的是对外开放学习先进科技，并充分发挥要素比较优势和超大规模市场的规模经济优势。而在并跑或领跑发展阶段，原创性科技创新难度增大、研发周期更长、不确定性和外部性更大，导致企业内生创新动力不足和市场失灵，加之在国家竞争和产业链风险加剧的情况下，需要综合发挥"有效市场"和"有为政府"的作用。

因此，在新一轮科技革命方兴未艾的背景下，"战略性新兴产业""未来产业"成为政府规划和助推的关键产业方向。《预见未来，布局现在：颠覆式技术与未来产业发展》纵深分析了我国的战略性新兴产业和未来产业发展状况，深入研究科技进步和产业转化规律，锚定产业发展的区域空间及企业发展周期，并由此带来了诸多启发。

而对于主导性技术特征尚不明确，无法借鉴既有经验的未来产业，产业识别难度大，产业政策有效性下降，更应该充分发挥市场大规模试错的筛选机制，政府应该完善顶层制度设计，通过发挥统一大市场功能，激发各类产业主体的积极性。

因此，市场主体的积极性、企业家创新活力的充分发挥成为培育新质生产力的重要力量。《重振经济活力：中小企业的角色和政策》着重分析了中小企业对科技创新和新质生产力的重要性。它们是促成技术和知识扩散、提升生产效率的主力军，是全球产业链的重要组成部分，对我们发展新质生产力具有无可替代的积极作用。

第三部分　培育经济深层动能，加快数字与绿色经济发展

经济学和管理学经常将物质、能量和信息视为三种基本资源。在工业革命之前，人们主要关注的是物质资源。随着工业革命的到来，能源的重要性开始显现。在数字经济时代，信息的重要性日益凸显。当前技术进步的方向主要在信息科技与数字技术、能源转型与低碳发展两个领域，数字化和绿色化是全球产业转型的两条清晰主线。

在数字经济方面。北京大学光华管理学院在 2019 年就建立了人工智能与社会科学交叉学科平台，从社会科学视角研究人工智能给社会带来的变革和发展契机，探讨技术的边界和社会问题的解决。该平台在劳动力市场变革、数据资产发展、科技对宏观政策的影响等方面，开展多维合作和交叉研究，推进人工智能在各个领域的科学研究和发展应用。

在国家发展改革委发布的《关于 2023 年国民经济和社会发展计划执行情况与 2024 年国民经济和社会发展计划草案的报

告》中，明确要开展"人工智能+"行动，有序赋能重点领域，加快重塑产业生态；实施"数据要素×"行动计划，促进数字技术与实体经济深度融合。在本书中，《用全国统一大市场推动"人工智能+"发展》和《数据要素与数字经济发展》，系统研究了"人工智能+"和"数据要素×"如何携手引领数字经济时代的新质生产力增长。两文聚焦市场实际需求和商业场景，围绕人工智能技术赋能的重点领域、发展数据要素市场的理论支撑等方面展开了深入分析。

在低碳发展方面。北京大学光华管理学院深入开展"碳中和"下的经济学和管理学研究，围绕宏观经济发展、产业价值链转型、碳市场建设以及生产和消费端"碳中和"模式等领域进行持续深入研究。《生态文明建设与经济高质量发展和新质生产力提升的和谐统一》基于生态文明建设和绿色低碳发展，围绕在经济发展中注入绿色新动能并提升绿色新质生产力进行了深入探讨。

第四部分 健全资本市场体系，提高金融服务生产力效能

2023年10月底的中央金融工作会议要求,优化资金供给结构，把更多金融资源用于促进科技创新、先进制造、绿色发展

和中小微企业。这正是金融服务新质生产力发展的应有之义。如何合理估值定价、如何完善投融资机制是优化资金供给的两个核心问题。

从市场估值体系上看。估值体系是资金服务新质生产力的方法论基础，而该方法一般存在对外部性和社会外溢价值较高企业估值不足的问题。《构建与发展新质生产力高度适配的资本市场估值体系》基于适应新质生产力的企业估值机制和资本市场完善，围绕节点性产业的网络效应和社会价值、科创企业创新投入的价值等社会价值估值体系进行科学分析，提出我国资本市场如何体现中国式现代化理念和相关政策建议。

从投融资机制上看。相对于美国以直接融资为主的金融市场，我国更多采用间接融资的方式，而后者对抵押物和现金流的依赖，不利于对未知不确定创新领域的探索。近些年，我国大力发展与新质生产力适配的直接投融资市场，但仍存在政府基金缺乏对市场化风险的容错机制，民营股权基金募资困难、投资存在隐形壁垒，一、二级市场联动不畅影响风险基金收益实现等问题。《以创新引领新质生产力发展——兼谈私募股权市场发展对创新的作用》围绕以上诸多问题，就如何更好发挥政府和市场作用、完善金融支持创新体制机制、服务新质生产力发展进行了深入分析。

第五部分　兼顾区域产业协调，提升资源要素配置效率

发展新质生产力，要"着力打通束缚新质生产力发展的堵点卡点，建立高标准市场体系，创新生产要素配置方式，让各类先进优质生产要素向发展新质生产力顺畅流动"。

从区域布局上看。合理的城市和区域空间结构，有利于更好地发挥新质生产力集聚效应，激发创新活力。当前我国城市系统在资本、土地、劳动力市场上存在空间错配，绝大多数城市经济聚集还达不到效率最优状态。《优化生产要素的空间配置和城市空间结构以释放新质生产力》围绕如何构建要素高效流动的统一大市场、释放新质生产力进行深入研究。通过研究发现，资本市场和土地市场的改革会带来明显的生产效率提升，要因地制宜而非"一刀切"，在符合地方比较优势条件下发展新质生产力。

从产业协调上看。"改造升级传统产业"也是新质生产力的重要内容。新质生产力不只是原创性、颠覆性创新，还要有传统行业的升级革新，尤其是农业产业的发展是新质生产力的重要基础性支撑。《"乡村CEO"：创新人才返乡机制　助力实现乡村振兴》围绕乡村振兴的人才建设，突破本土人才自主返乡的传统思路，提出了"乡村CEO"人才下乡的市场化渠道和赋能

机制。文中强调第一产业的提升，不仅需要高科技，还需要改善村社治理结构，为乡村振兴注入内生发展动力，进一步推动城乡融合发展。

第六部分　扩大高水平对外开放，营造良好国际发展环境

现代经济全球化的主要特征是生产制造而不单是商品贸易的全球化，逆全球化则表现在国际生产网络上的横向"脱钩"和产业链上的纵向"断链"上。不过，"脱钩"不是全面的解耦，而是从 WTO 下的多边和广域性、普惠性的贸易规则，转变到单边或局域性、特惠性的贸易规则。因此，并不存在完全的"断链"，而是可以实现从局域内循环，到局域间循环，再实现与全球网络的链接。

高水平对外开放是与高水平科技自立自强相互支撑的。《在国际循环中发展新质生产力》围绕国际循环特征及其关键领域，围绕优化贸易结构、加强中间品贸易和对外直接投资等，深入阐释了当前环境下我国的应对策略。《中美科技博弈与破解"卡脖子"难题》围绕开放式安全观的理念，对我国应该采取的科技创新和国际合作策略进行了深入分析。

因此，除了围绕科技自立自强推动原创性、颠覆性创新外，

面对新的国际经贸环境，我们更加需要积极参与国际标准制定，提高国际议题设定和叙事能力，积极寻求与多数国家的信任与合作，促成多元化、实质性高水平对外开放。

围绕中国经济增长的关键问题，北京大学光华管理学院 2024 年以来开展了两次大型的学术探讨。第一次是 2024 年 1 月 7 日在北京大学举行的第二十五届北大光华新年论坛——"增长动能，中国探索"。论坛着重探讨了中国经济增长的新动能来源，以及如何激发动能为中国经济带来更大的活力和韧性，推动中国经济不断实现高质量发展。第二次是 2024 年 3 月由北京大学光华管理学院与北京大学经济政策研究所联合举办的"北大光华两会后经济形势和政策分析会"，在这一次会议上，北京大学光华管理学院的学者们围绕"新质生产力"的关键问题进行了深入的探讨。而将新质生产力阶段性研究成果写成一本图书的想法，便始于此。

在当前这个由新一轮科技革命和产业变革所推动的时代，国际局势的动荡和"百年未有之大变局"交织激荡，给我们提出了前所未有的挑战。因此，我们更需要追根溯源，运用科学和理性的态度重新审视我们所处的时代，准确识别出那些核心而关键的问题，并探索出切实可行的策略和路径。我们期待这本书能对广大读者有所启发，对经济社会的高质量发展有所裨益。

本书由北京大学光华管理学院主编，刘俏、陈玉宇、张影等著。在即将付梓之际，要向所有为本书贡献智慧和付出心血的大家致以最诚挚的谢意。首先，要衷心感谢北京大学光华管理学院的学者们，是你们深厚的学术造诣和无私奉献，为本书提供了丰富的思想内涵；其次，要感谢北京大学光华管理学院对外关系部主任王奂然统筹和整理本书内容，她是本书能够高质量呈现给读者的推动者；最后，由衷感谢所有关心和支持本书编撰和出版的朋友们。

北京大学光华管理学院

2024 年 6 月

目 录

第一部分

发展新质生产力理论，指导高质量发展新实践

培育新质生产力的几个关键问题

刘　俏

从新质生产力的提出到写入《政府工作报告》，社会各界对于新质生产力的关注热度有增无减。发展新质生产力已成为我国高质量发展的一项重要任务，然而，在推进这项任务的过程中，也存在一些误区，其核心原因还是无法识别关键问题。

那么，该如何理解新质生产力的内涵？培育新质生产力有何重点？我国发展新质生产力的空间在哪？又该如何避免新质生产力发展中的低水平重复问题？本文就这些问题进行梳理，以此回应加快培育新质生产力的焦点、难点与关键路径。

培育新质生产力的重点是什么

习近平总书记在 2024 年 6 月 1 日出版的《求是》杂志第 11 期发表的重要文章《发展新质生产力是推动高质量发展的内在要求和重要着力点》中指出，"新质生产力由技术革命性突破、生产要素创新性配置、产业深度转型升级而催生，以劳动者、劳动资料、劳动对象及其优化组合的跃升为基本内涵，以全要素生产率大幅提升为核心标志，特点是创新，关键在质优，本质是先进生产力"。

新质生产力理论将西方经济学与马克思主义传统政治经济学进行了融合，进入到了 21 世纪马克思主义的大范式之中，是以习近平新时代中国特色社会主义思想为指导进行的创新，并成为其中的重要组成部分，兼具重大理论意义与重大实践价值。

培育新质生产力要重点关注全要素生产率，因为全要素生产率的提升不仅是发展新质生产力的核心标志，也是推动高质量发展和推进中国式现代化的根本要求。

全要素生产率的基本逻辑可以追溯到"增长理论"。根据罗伯特·索洛（Robert Solow）提出的索洛模型，一个国家的经济增长可以由要素（资本、劳动力）增长和全要素生产率的增长来解释。实证研究显示，全要素生产率增速一般占到一国经济增速的 40%左右。回顾我国过去的发展历程可以发现，我国正经历从高速增长（资本和劳动力等要素驱动）向高质量发展（全要素生产率驱动）的发展模式转型。在工业化时期提升全要素生产率比较容易，但工业化结束之后，保持比较高的全要素生产率增速就变得比较困难了。2010 年，我国基本完成了工业化进程，全要素生产率增速在一定程度上开始下降。

改革开放后，随着工业化进程的快速推进，我国全要素生产率年均增速在改革开放后的前三个"十年"（1978—2009 年）保持在年均 4%以上，远超美国推进工业化进程时 2.1%的年均增速。全要素生产率增速一般贡献了一个国家 40%左右的经济增长，这解释了我国 1980—2009 年超过 10%的 GDP 年均增速。进入 21 世纪的第二个"十年"后，因为工业化的完成，我国全要素生产率的增速开始下降，目前已经降至年均 1.8%左右（甚至有学者估测我国的全要素生产率年均增速已经降到1%）。

图 1-1 显示了 1979—2022 年期间我国 GDP 年增速和全要素生产率年增速的走势。分析显示，这期间两者的相关性系数高达81%。2035 年要基本实现社会主义现代化远景目标，要求 GDP

增速要保持在 5% 左右，这需要全要素生产率增速从目前的年均
1.8%，甚至更低一些的年增速恢复至 2%，甚至更高。

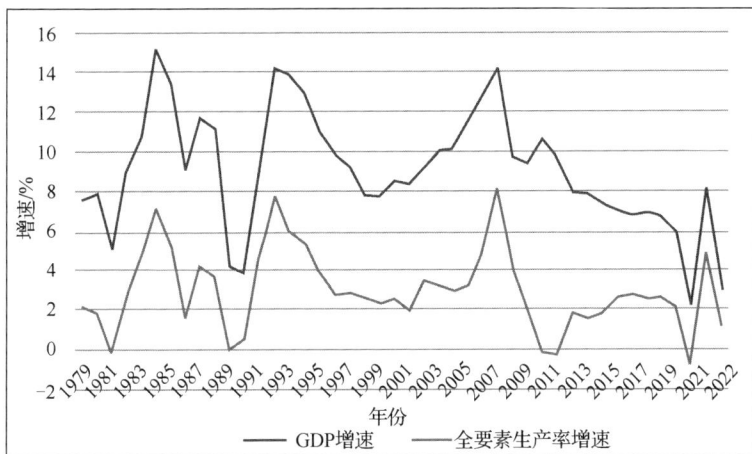

图 1-1　我国全要素生产率增速和 GDP 增速历年走势图：1979—2022 年

我国经济未来增长的空间有多大？国民经济能否保持较快
增长？这都取决于全要素生产率的增速能否重新提升至 2% 甚至
更高。

培育新质生产力还有哪些路径和空间

通过对 1978—2017 年的数据进行分析和研究（见图 1-2），
我们会发现，固定资产投资率每增长 10 个百分点，全要素生产
率就会增长 1.18 个百分点。

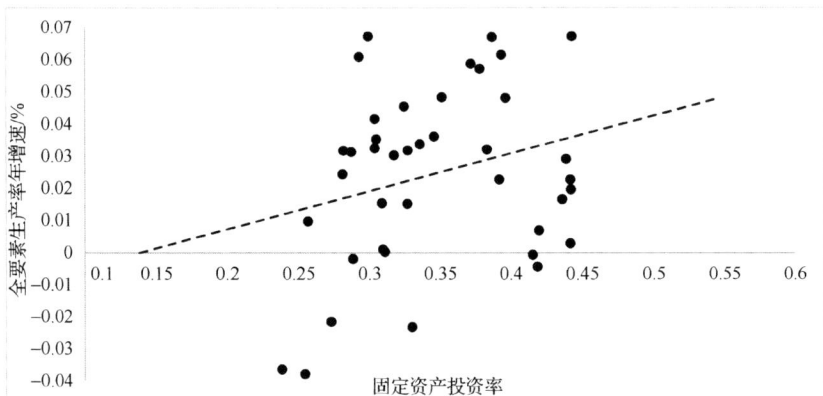

图 1-2　我国全要素生产率年增速与固定资产投资率：1978—2017 年

　　基于投资对全要素生产率增速的强大推动作用，释放经济长期增长潜能，需要对基础核心行业及领域进行巨大数量的投资。这些领域往往处于国民经济生产网络的关键位置，牵一发而动全身，具有极高的社会回报，但是这些领域具有极大的不确定性，投资的资本回报并不一定很高。如果只是依赖市场机制来配置资源与要素，这些领域将长期面临投资不足的问题。例如，绿色转型和建立数字化转型网络、收入与发展机会不平等、产业升级与科技进步、基础研究等问题，单靠市场根本无法解决。对关键领域投资不足不仅会严重延滞产业转型，还将进一步加深经济社会发展的断层线（Fault Lines）。

　　我国经济发展模式的突出特征是"有为政府"和"有效市场"相结合：政府通过"五年规划"和产业政策，将资源配置到推动经济社会发展的节点行业（Nodal Industry）和关键领域。发生在节点行业和关键领域的技术变革通过生产网络传递和放大，形成溢出效应，带动了上下游大量市场主体的出现，对总体经济产生一个乘数效应，而对这些关键行业和领域的大量投资带来了全要素生产率的增速，并推动了总体经济的发展。

寻找我国未来经济增长的新动能，可以从以下领域着手："再工业化"（产业的数字化转型）、"新基建"（再工业化所需的基础设施）、大国工业（现代化产业体系）、"碳中和"等。

培育新质生产力、提升全要素生产率依赖这些关键领域。其中，科技创新驱动的产业变革是提升全要素生产率的关键。此外，通过对生产资料、劳动者进行优化组合，就能释放提升生产率的活力，从而形成新质生产力。

应当如何因地制宜发展新质生产力

切记，并不是只有战略性新兴产业和未来产业才涉及新质生产力。如果把新质生产力框定在新能源汽车、新能源、大模型等领域，就是对新质生产力非常片面、偏颇的理解。地方政府要根据不同区域的实际情况，结合本地的产业特点，以及在劳动力、劳动者、其他生产要素等方面的比较优势，因地制宜地寻找符合本区域发展特点的发展路径。改革其实是培育新质生产力最重要的途径，通过改革、对资源要素的优化组合也能形成新质生产力。

在 2024 年"两会"上，习近平总书记提醒："发展新质生产力不是忽视、放弃传统产业，要防止一哄而上、泡沫化，也不要搞一种模式。""各地要坚持从实际出发，先立后破、因地制宜、分类指导，根据本地的资源禀赋、产业基础、科研条件等，有选择地推动新产业、新模式、新动能发展，用新技术改造提升传统产业，积极促进产业高端化、智能化、绿色化。"

培育新质生产力，要以提升全要素生产率为核心标志。基于这种逻辑，大家就会意识到，新质生产力既会出现在新兴行业，也会出现在传统行业，只要是有利于提升全要素生产率的都有可能变成新质生产力。

对于全要素生产率的增长而言，提升资源配置效率是其重要来源之一。当前，我国在提升资源配置效率方面依然存在巨大的改善空间：自我国股市成立以来，我国上市公司的年平均投资资本收益率为 3%～4%，低于美国上市公司过去 100 年年平均 10% 的水平；我国 2020 年农业附加值的 GDP 占比为 7.4%，但是农业就业人口占到全国 7.5 亿总就业人口的 24.6%，农业就业人口在总就业人口中占比过高表明农业的全要素生产率非常低；我国目前在生产性服务业方面还有很多短板，如工业软件和人工智能算法/算力方面存在瓶颈、物流和金融中介成本过高等。如果我们对这些领域加大投入，是很有可能提升全要素生产率的，它们也有可能变成新质生产力的一部分。

此外，要培育新质生产力，还要更好地发挥市场对资源配置的决定作用。如果投资过度导致产能过剩，产品的价格就会降下来，导致投资回报率下降，而一旦投资回报率下降，就不会有更多投资者进入了。我们需要强调"两手抓"：一方面要有顶层设计，要有科学规划；另一方面还要充分发挥市场的作用。

当前，应该发挥市场在资源配置中的决定作用，在这方面，我们还有提升空间。当然，更重要的还是，地方政府和市场都应该更深层次地理解新质生产力的深刻内涵，不要只盯着战略性新兴产业和未来产业，它们非常重要，但不是全部。

"有效市场"和"有为政府"应当如何结合

我国"政府+市场"的增长范式在释放我国经济长期增长的潜能方面具有独特优势。通过顶层设计和产业政策，就能保持投资强度甚至超前投资，并引导资源配置到那些社会回报大于资本回报的领域，这无疑有助于形成推动生产率增长的新的节点行业、解决那些长期阻碍经济社会高质量发展的结构性问题。

围绕落实高水平科技自立自强、建设现代化产业体系等战略部署，政府明确了重点支持的节点行业和关键领域，包括但不限于科技创新、专精特新、高端制造、人工智能与量子计算、数字经济、绿色发展、生命科学等领域。

另外，新质生产力也源自传统产业深度转型升级所带来的全要素生产率的提升。认识到这一点，我们就应该将资源配置到农业、生产性服务业、服务消费等传统产业，虽然这些产业的全要素生产率增速低，但是提升空间较大。

如果在这一过程中能发挥好政府投资和政策激励的引导作用，有效带动和激发民间投资，推动各类市场主体不断涌现和迸发创新活力，发挥市场在资源配置中的决定性作用，那么我国就能更加从容地应对在生产率增长方面的挑战，而经济长期增长的潜能也能顺利得以释放。

政府可以以积极的财政政策支持战略性新兴产业、未来产业及关键领域，去解决阻碍我国高质量发展的关键性结构问题，培育新质生产力，实现高质量发展。

第一，可以在国债方面有一些特别的规划。2024年，虽然中央政府发行了超长期国债，但力度还可以进一步加大，可以发行更多的超长期特别国债。作为一项创新政策工具，政府可以考虑发行 30～50 年的超长期特别国债，将所获资金投入难以仅依靠市场力量的底层、重大、前沿技术创新领域，推动科技创新与技术进步。

第二，还可以将大规模地发放现金和消费券作为财政政策的重要选项。在货币政策的传导机制不畅的情况下，最好能采取力度更大的财政政策，直达消费端，如直接给全民发放现金或消费券。

第三，可以启动"住房公积金制度改革、租赁住房改革和 REITs 建设"三位一体的新一轮改革，利用财政资金、社会资本，通过市场化机制，开启房地产新模式。当保障性租赁住房建设起来，我国房地产业实现租购并举，房地产的投资定位和消费定位得到更好的平衡，届时房地产行业就能找到一个新的发展模式。这一基础制度的改革将真正把新市民、没有解决住房问题的市民从高房价里解放出来；这项举措还有利于加快推进农业转移人口的市民化，如果再配套户籍制度改革和农村土地流转制度改革，那么就能通过集约化生产提升农业的全要素生产率，增加农业人口可支配收入，缩小城乡可支配收入的差距，推动乡村振兴和共同富裕。这也是通过对生产资料、劳动者进行优化组合，释放提升生产率的活力，形成新质生产力的重要路径。

需要特别说明的是，我们需要转变制定宏观政策特别是财政政策的思维方式。很多观点认为，宏观杠杆率只要上升就是坏事，然而，其实只要政府债务与 GDP 的比率（即政府债务率）未出现爆发式增长（Explosive Growth），政府债务即可持续。事实上，我国具备实施宽松财政政策的条件。

因此，一方面，要充分认识财政政策的空间，将宏观政策锚定在我国的整体价值上，而非 GDP 上，这将为财政政策和货币政策的积极实施提供更为开阔的空间。另一方面，我们的宏观政策除了要解决短期问题，还要服务中国式现代化这个跨周期长远目标，这就要求推动节点领域投资，加速新旧动能转换。

如何通过科研进一步推进新质生产力的形成

我国必须向全球价值链上游迈进，在供应链产业链上形成相对闭环，以应对极端场景的出现。为此，我们需要加大创新投入，增加研发强度，优化研发结构，大力提高基础研究费用在总研发费用中的占比。自 20 世纪 90 年代至今，我国的研发强度（研发费用在 GDP 中的占比）和全要素生产率之间有高达 90%以上的相关性，提高研发强度对推动生产率增长、培育新质生产力意义重大。

2022 年，我国的总研发费用首次突破 3 万亿元，研发强度也达到迄今最高的 2.55%。然而，与同期美国的 3.45%、日本的 3.26%、德国的 3.14% 的水平相比，我国的研发强度还有较大差距。我国在研发方面本来起步就晚，这也使得我国的研发强度起点较低，虽然自 20 世纪 90 年代开始不断投入，2012 年后更是加大了投入力度，但是我国研发投入所形成的基础和沉淀还较为薄弱。2023 年，我国研发强度进一步提升至 2.65%。既然大国博弈最终是科技创新方面的竞争，我国有没有可能将研发强度提高到 3% 以上呢？

研发结构是更值得关注的问题。基础研究是科技创新的源头和科技自立自强的根基。从 2012 年开始，我国对基础研究的投入不断加大，从 2012 年的 499 亿元提升到 2022 年的 1951 亿元。不过，虽然 2023 年我国基础研究费用在总研发费用中的占比达到 6.65%，但仍远低于其他主要经济体 12%～23% 的水平。从金额看，2023 年我国在基础研究上的投入为 2212 亿元，初步估测美国为我国 4～5 倍。从经费来源看，企业资金占比虽高，但绝大部分投向开发（Development），而非基础研究（Research）。

我国基础研究费用在总研发费用中的占比相对不足的结构问题亟待改变。到 2025 年，将我国基础研究费用在总研发费用中的占比提升至 8% 以上，这已经成了"十四五"规划的政策目标。如果我们能够实现这个目标或超过这个目标，如将基础研究费用在总研发费用中的占比提升至 12% 甚至 15%，那么将会有力推进我国实现科技高水平自立自强，提升我国在全球价值链的位置，为我国在新的发展阶段保持全要素生产率增长创造有利条件。

基础研究难度大、周期长、风险高，如何加大对基础研究的投入？在这一点上，就需要发挥好财政，尤其是中央财政的积极作用。基础研究是一个长期的过程，大多是在没有考虑实际应用的情况下进行的，它带来了对自然、社会及其规律的普遍认识和理解。大学和研究机构大部分的研究工作都是围绕如何拓展知识的前沿，它们提供了最有利于创造新的科学知识的环境，只有在不承受实际成果压力的情况下，它们才能成为产生基础研究成果的卓越中心。

加大对基础研究的投入，需要加强对高校和研究机构的基础研究中心的支持，在这方面，长期的公共资金投入尤其重要。我国具备大规模发行国债的条件和政策空间，而当前宏观政策正处于发力窗口期。因此，可将发行长期"特别国债"等作为重要的政策选项，所获资金直接投入各类基础研究中心，大幅提升基础研究费用在总研发费用中的占比。

如何建立新质生产力评价体系

对于衡量新质生产力的指标体系，需要进行专题研究，而不能单纯只用全要素生产率的提升水平来衡量。全要素生产率是一个结果变量，通过计算可以得出一个国家、一个地区在某个时间段内全要素生产率的提升速度，但全要素生产率的提升的底层逻辑是什么？通过什么样的方式方法实现？这些并不能通过结果变量直接反映出来。

加快培育新质生产力，我们需要找到一些过程、路径、方法和指标，将这些能够衡量新质生产力培育的指标找出来。这些指标的选择一定要与国家未来长期规划的制定相一致，比如研发投入占 GDP 的比重、研发（Research and Development，R&D）增速、从事基础性研究和前沿技术研究的人才比例、生产性服务业占比、产业链关键领域在全球价值链的上游程度等，具体的考评体系设置还有待进一步深入研究。

新质生产力的理论内涵——经济思想史的视角

滕　飞

生产力理论是马克思主义理论体系中最重要、最基本的组成部分，也是社会主义政治经济学的基石。社会主义的本质和根本任务就是解放和发展生产力，在立足新发展阶段、贯彻新发展理念、构建新发展格局，推动高质量发展的实践中，需要社会主义政治经济学生产力理论的发展和指导。在世界"百年未有之大变局"加速演进、新一轮科技革命和产业变革深入发展、国际力量对比深刻调整的大背景下，新质生产力理论是马克思主义生产力理论的中国化时代化的集中体现。

经济分析的学科理路

科技进步是经济增长的根本源泉和动力，这已成为当今的常识，新质生产力强调创新驱动和科技进步。经济学对此的认知是一个历史演进的过程。

古典政治经济学中最早使用生产力概念的是法国的魁奈（Quesnay），作为重农主义学派主要代表，他批判重商主义，强调贸易带来的存量财富积累，强调国民财富的真正性质在于其流量的增值，并在当时的背景下，强调"土地生产力"对增加"纯产品"的重要性。英国经济学家亚当·斯密（Adam Smith）继承了重农学派对财富性质的理解，并系统探讨了"劳动生产力"增进国民财富的原因。古典经济学家大卫·李嘉图（David Ricardo）在亚当·斯密的基础上，对劳动价值进行了深入的经济分析，并由马克思所批判继承。后来的一些经济学家，如庞巴维克（Böhm-Bawerk）、维克赛尔（Wicksell）等又逐渐发展了"资本的生产力"理论。于是，古典政治经济学时代生产力三要素体系得以完善。

古典政治经济学对经济增长源泉的理解从土地产出到劳动分工，再到资本积累，并没有足够重视技术进步；而对生产力的理解主要基于市场深化下的劳动分工、自由贸易下的比较优势等原理，强调市场在资源配置中的效率优势，及其对财富增长的作用。

随着第二次世界大战后技术进步和全球经济的快速发展，西方经济学家也逐渐认识到，单纯依靠有形要素的规模和结构，并不能解释长期经济增长，甚至会带来经济的停滞，而科技创新、人力资本等才是现代经济的最终推动力。于是，从强调外生技术进步的新古典增长理论，到强调人力资本或技术内生积累的内生增长理论，到强调技术进步之制度因素的新制度主义理论，再到强调创造性破坏的熊彼特式增长模式等，经济分析逐渐形成了对创新、科技、人力资本及其制度因素的系统性研究。

基于经济学的分析理路，发展新质生产力要求摆脱传统经济增长方式，就是要从传统上依靠土地、劳动、资本等各种有形要素驱动的增长模式，转型到由科技知识密集型的创新驱动的经济增长。在经济增长效率的核算上，要对所有生产要素的综合生产效率进行测度，而这一指标就是"全要素生产率"（Total Factors Productivity，TFP）。所以，以创新和技术为主要特征的新质生产力的提升，要"以全要素生产率大幅提升为核心标志"。

全要素生产率按其结构可以分解成前沿技术进步和技术效率两个部分。前沿技术进步是由技术创新所带来的生产能力前沿的拓展；技术效率则是在既定技术前沿下生产规模、要素配置和产业结构优化带来的效率水平提升。因此，提升全要素生产率的增长需要从多个维度综合发力。

在全要素生产率的指标特征上，全要素生产率与传统的 GDP 总量指标的核算不同，全要素生产率体现的是不同经济体制度环境、生产技术、产业结构、人力资本水平、资本存量等综合效率特征，不一定适合进行横向比较和纵向考核。譬如，即便两个经济体全要素生产率相同，也不能下结论说两个经济体的综合生产效率相同，而可能是一个技术效率高但要素配置效率低，另一个技术效率低但要素配置效率高，不同因素相互抵消了。因此，其绝对值无法准确反映出两个经济体生产效率的差异。不过，全要素生产率的变化率这一相对指标则在很大程度上反映了一个经济体发展效率综合变化的情况，尤其是可以反映中长期经济发展质量的宏观指标。

国家发展的历史实践

新质生产力理论是对马克思主义生产力理论的继承和发展。马克思较早是在对德国历史学派经济学家李斯特（Liszt）的批判中使用生产力（Productive Force）一词的，而在此之前，他更多使用的是亚当·斯密所用的更加静态的 Productive Power 一词。

李斯特是德国政治经济学家，早年在美国汉密尔顿经济思想的影响下，推动了历史学派经济学的发展。他在《政治经济学的国民体系》一书中深入发展了生产力理论。不同于英国经济学家对普适性自由市场的强调，李斯特则强调生产力的民族国家属性，认为"解释经济现象，除了'价值理论'（后发展为新古典经济学的'价格理论'）以外，还必须考虑到一个独立的'生产力理论'"：生产力绝不是市场经济的一个附属因素，国家长期生产能力比眼前物质财富更加重要，主张后发展国家的贸易保护、幼稚产业保护和赶超型产业政策等。

所以，西方经济理论和政策一直存在一明一暗两条线。明线强调自由市场和普适市场规律，暗线强调国家利益和历史制度特征；明线强调要素流动和效率优先，暗线强调产业政策和发展安全，等等。

历史上，在英国主导工业化进程的时代，在英国土生土长的古典政治经济学强调比较优势原理下的自由市场贸易，而美国、德国作为赶超型经济体则持有贸易保护和幼稚工业保护的传统。冷战结束后，市场全球化浪潮蓬勃发展，我国的快速增长正是符合比较优势原理和全球化贸易原则下的"自然法则"式市场的结果。我国正是牢牢抓住了从冷战结束到 2008 年金融危机不到二十年的人类历史上极为稀有的全球化战略机遇期，通过自身的努力，实现了生产力的跨越式发展。

当今，全球化由于美国向汉密尔顿传统的回归而面临巨大挑战。近年来，美国政府加强了贸易保护和产业政策，2022 年《通胀削减法案》与《芯片与科学法案》等战略竞争性政策，再加上诸如政府资金支持小企业创新的 SBIR/STTR 产业支持计划，才是美国传统经济思想和经济政策的真实表达。

新质生产力正是在这样的世界历史背景之下提出的。我国过去作为赶超经济体的技术进步逻辑被打断，需要针对性地回应逆全球化挑战，统筹国内和国际，为生产力发展营造良好的环境。从经济思想和历史实践的一般规律来看，真问题并非要不要产业政策，而是如何更加科学地定义和实施产业政策。

2024 年 5 月，习近平总书记在山东省济南市主持召开的企业和专家座谈会上指出，"新质生产力的内涵，可以做更多深入探讨。新质生产力，是否就等于新兴产业？传统产业改造升级，也能发展新质力"。因此，我们并不能狭隘地理解围绕某些类型产业的选择性政策才是产业政策，而是需要深入研究在什么样的环境下要采取直接筛选和干预微观主体的选择性产业政策，在什么样的环境下更多要采用完善市场制度、增进市场机能、拓展市场作用范围的功能性产业政策，等等。当然，产业政策概念边界的模糊化和多元化也是相关争论的重要缘由。

此外，从国际经验看，政府主导的产业政策效果尚未形成完全一致的意见。如果追踪具体的产业政策项目进行评估，历史上成功和失败的案例都不缺。所以，要给出科学的回答，就需要综合考虑产业政策对总体经济的影响，需要建立经济模型在整个生产网络空间内进行细致稳健的分析。

总之，在未来更好地规划和实施产业政策，更加需要有效的市场激励和配置效率，避免政策寻租和效率损失，确保社会资源使用的效率和效果；需要深入研究市场和政府如何深度有效耦合，充分发挥各自优势，以及研究战略性、节点性产业政策的阶段和区域有效性，尽可能提升政策成功概率。并在当前国际背景下，研究如何进行高水平的对外开放，积极应对逆全球化的产业链挑战，等等。

社会主义的价值取向

生产力是马克思主义理论的基础核心概念，马克思是在对古典政治经济学和历史学派经济学批判继承的基础上，逐渐形成并深化完善了社会主义政治经济学的生产力理论。

在《1844年经济学哲学手稿》之中，马克思比较早期地阐述了生产力概念。尽管在当时的历史背景下，沿用了古典政治经济学中对劳动分工和生产要素的分类，但马克思并不满足生产力三要素的"实然"状态，而将其上升到"应然"的价值层面："国民经济学没有向我们说明劳动和资本分离以及资本和土地分离的原因。"进而，他从人本主义视角批判继承古典政治经济学物化的生产力理论和生产要素分析机制："分工提高劳动的生产力，增加社会的财富，促使社会日益精致，同时却使工人陷于贫困直到变为机器。"可见，马克思经济分析的价值基点是作为人的劳动者。

在 1845 年 3 月的《评弗里德里希·李斯特的著作〈政治经济学的国民体系〉》一书中，马克思继续用人本主义立场对其批判继承，并籍此超越了古典政治经济学分析理路。历史主义经济学家强调国家利益视角下的生产能力，而忽略劳动者的福祉及其主体地位；强调物质财富的提高，而忽略了经济是嵌构在社会关系之中的。马克思用反讽的语气指出："如果你精神空虚比你充沛的精神活动更富有生产能力，那么你的精神空虚就是一种生产力……"这进一步强调了生产力中人的因素的重要性，赋予了生产力理论以社会和历史的思想维度。

在 1846 年的《德意志意识形态》中，马克思和恩格斯将生产力放在与生产关系的关系之中来理解，奠定了唯物史观的方法论基础。文中强调生产力是双重关系的表现，"一方面是自然关系，另一方面是社会关系""各民族之间的相互关系取决于每一个民族的生产力、分工和内部交往的发展程度……不仅一个民族与其他民族的关系，而且这个民族本身的整个内部结构也取决于自己的生产以及自己内部和外部的交往的发展程度"。

所以，马克思主义的生产力理论超越了纯粹的经济分析，不同于西方经济学中把社会生产过程映射到"三位一体"式的物化公式，而是立足于劳动二重性，将生产力作为生产关系的物质载体来研究：生产力各要素不仅是物质或技术单向度的抽离，而且是有着社会历史的维度和以人民为立场的价值取向。

《资本论》在分析劳动过程时说，"劳动过程的简单要素是：有目的的活动或劳动本身、劳动对象和劳动资料"，并指出"生产力，即生产能力及其要素的发展"。基于此，形成了社会主义政治经济学的生产力三要素，即劳动者、劳动资料和劳动对象。这就不难理解，习近平总书记对新质生产力基本内涵的表述为"劳动者、劳动资料、劳动对象及其优化组合的跃升"，这体现了社会主义政治经济学的价值意涵。

我们在经济分析和量化研究上，需要采用形式科学的生产函数三要素；而在价值立场上，则强调社会主义政治经济学下劳动者本位，强调以人为本、以人民为中心。因此，新质生产力是一个辩证全面的逻辑整合和理论体系，在综合维度上彰显着中国式现代化的理论视野和科学范式。

与时俱进的理论品质

党的十一届三中全会前夕召开的全国科学大会通过了《1978—1985 年全国科学技术发展规划纲要》，邓小平同志在会中作出了"科学技术是生产力"的重要论断。1988 年，他进一步明确指出，科学技术是第一生产力。以 1978 年全国科学大会为起点，党中央提出"经济建设必须依靠科学技术，科学技术工作必须面向经济建设"的方针。

从 20 世纪 70 年代后期到 20 世纪 90 年代初期，党中央关于"实现四个现代化，科学技术是关键，基础是教育"的思想，成为科教兴国发展战略的坚实理论和实践基础。1995 年 5 月 6 日，中共中央、国务院发布了《关于加速科学技术进步的决定》，首次正式提出实施科教兴国战略。2002 年，党中央进一步提出人才强国战略，更加重视人才作为第一创新要素的突出作用。2006年，党中央提出建设创新型国家的目标，并发布了面向 2020 年的中长期科技发展规划，对科技进步和创新重要性的认识达到一个新的高度。

党的十八大后，面对科技创新成为国际战略博弈的主要战场，为应对科技创新中的短板弱项，解决"卡脖子"难题，创新驱动成为国家重大需求，科技创新成为提高社会生产力和国家综合国力的战略支撑。把科技创新比作"牛鼻子""先手棋"，把能否进行自主创新视作我国能否实现民族复兴的重要决定要素之一，并提出了建设世界科技强国的重要目标。创新型国家与创新驱动发展战略的提出，标志着我党已经明确意识到我国经济转型的重要意义以及科技创新的核心支撑作用，"世界百年未有之变局"、重要战略机遇期都对科技发展提出了重要要求。

2017 年，习近平总书记在党的十九大报告中首次提出关于"高质量发展"的表述，表明我国经济由高速增长阶段转向高质量发展阶段。高质量发展是面对世界科技革命和产业变革潮流，我国经济由高速增长阶段转向中低速发展新常态、社会主要矛盾发生变化之际，党中央对我国现阶段经济发展阶段的科学判断，也是对我国未来经济社会发展提出的新目标和新要求。

2020 年 10 月，党的十九届五中全会提出，"坚持创新在我国现代化建设全局中的核心地位，把科技自立自强作为国家发展的战略支撑，面向世界科技前沿、面向经济主战场、面向国家重大需求、面向人民生命健康，深入实施科教兴国战略、人才强国战略、创新驱动发展战略，完善国家创新体系，加快建设科技强国。要强化国家战略科技力量，提升企业技术创新能力，激发人才创新活力，完善科技创新体制机制"。

2022年，习近平总书记在党的二十大报告中强调，"必须坚持科技是第一生产力、人才是第一资源、创新是第一动力，深入实施科教兴国战略、人才强国战略、创新驱动发展战略，开辟发展新领域新赛道，不断塑造发展新动能新优势"。

2023年9月，习近平总书记在黑龙江考察调研时发表重要讲话，首次提出"新质生产力"。此后，新质生产力概念被正式引入中央经济工作会议。在2024年1月中共中央政治局集体学习时，习近平总书记对其作出了系统全面阐释，这一原创性概念成为国内外高度关注的我国推进高质量发展的重要着力点。

从"科学技术是生产力"到"科技是第一生产力、人才是第一资源、创新是第一动力"，科技创新在生产力理论中的认识不断深化。新质生产力的提出，体现了中国特色社会主义生产力理论的不断成熟与完善。新质生产力的理论创新是理论和实践、历史与现实辩证统一的过程，是随着中国式现代化实践不断深化、随着马克思主义中国化理论与时俱进、随着对西方经济和社会科学分析方法的吸收借鉴、随着新一轮科技进步不断涌现的结果，是对马克思主义生产力理论的继承和发展，是马克思主义政治经济学的中国化时代化。

中国全要素生产率测算、分析与预测

颜 色

在新时代的发展道路上，高质量发展成为国家经济战略的核心目标，而实现这一目标离不开新质生产力的强力支撑。新质生产力以高科技、高效能和高质量为特征，是推动经济转型升级的重要引擎。全要素生产率（TFP）作为衡量经济增长效率的关键指标，能够从创新驱动、资源配置效率等多个方面反映新质生产力的提升。通过推动技术革命性突破、优化生产要素配置、实现产业深度转型升级，新质生产力不仅能有效提高 TFP，还能为经济高质量发展注入强劲动力。

如何理解 TFP？我国 TFP 如何计算？我国 TFP 在过往不同发展阶段呈现怎样的特点？本文首先介绍了我国 TFP 的估算方法，并分析了其在不同发展阶段的变化趋势。在此过程中，通过中美对比、结合我国经济增长模式的特点，提出了相应的政策建议，以期促进我国经济的高质量发展。

TFP 含义、研究方法及对经济发展的意义

TFP 的概念由罗伯特·索洛于 1957 年首次提出，其代表了除资本要素和劳动要素增长之外的其他所有因素对产出增长（经济增长）的贡献。TFP 的提高主要来自两个方面：一方面是企业研发投入或技术引进带来的微观生产技术的进步；另一方面是改善资源配置带来的效率提高，如生产要素由生产率低的企业、部门或地区流向生产率高的企业、部门或地区。

理解 TFP 对研究经济增长这一重要问题十分关键。一个国家长期经济增长可以归结为要素投入的增加与 TFP 的提升，对 TFP 的研究有助于认清经济增长的来源。TFP 提升对经济有重要的促进作用。长期来看，我国经济增长呈现出高投资、高储蓄、高消耗、劳动密集、环境代价高等特点，而这类依靠大量资本、劳动力、能源、原材料投入推动经济增长的粗放型增长方式并不可持续。新古典经济增长理论认为，要素投入受到边际递减规律的约束，因此，保持经济的高速增长只能依赖于 TFP 的提升。由于我国经济存在产能过剩问题，制造业投资乏力，投资回报率呈现出下降趋势，固定资产投资很难保持较高速度的增长。并且由于老龄化进程加快、人口抚养比例上

升、体制政策调整，以及居民在养老、医疗和子女教育方面的支出持续增长，导致预防性储蓄减少，从而导致投资率下降，因此，未来依靠投资高增长支持经济高速增长的模式不可持续。此外，通过提高资本劳动比的方式提高劳动生产率也会面临资本报酬递减的问题，因而，经济增长必须转到 TFP 驱动的轨道上，尤其是与技术进步相关的内源性 TFP 的轨道上。我国需要通过强化资源重新配置效率，并且从技术进步以及体制改善中获取更高的效率，从而实现我国经济增长转向 TFP 支撑型模式。

我国 TFP 计算

本文采用增长核算法，从全国层面测算我国的 TFP。由于 TFP 代表的是除资本要素和劳动要素增长之外的其他所有因素对产出增长的贡献，所以在进行 TFP 计算时，我们首先对资本投入、劳动投入和劳动份额进行估计。

资本投入

本文采用永续盘存法计算资本存量，即当期资本存量等于减去折旧后的上期资本存量加上新增的投资额，并进一步将资本存量细分为建筑安装工程与设备工器具购置，分别对其采用不同折旧率与价格指数进行估计之后加总得到最终的资本存量。

一是投资流量选取。本文选取固定资本形成总额作为投资指标，数据来源为国家统计局。此外，我们利用调整后的全社会固定资产投资中建筑安装工程与设备工器具购置的数据计算出两类资本所占比重，并根据这一比重将固定资本形成总额划分为建筑安装工程与设备工器具购置，从而分别计算两类不同的资本存量。

二是价格指数估算。为了使投资数据可比，需用价格指数将其折算成以基期不变价表示的实际值。其中固定资产价格指数这一指标较为理想且被较多文献使用。对于 1978—1990 年期间，由于资本形成总额对应当年国内生产总值中扣除总消费与净出口之后的投资额，本文认为可以使用 GDP 平减指数（1978 年为 1）代替固定资产投资价格指数衡量投资品价格。自 1990 年开始，由于不同资产的价格变化会有所不同，本文进一步将固定资产价格细分为建筑安装工程固定资产投资价格指数（上年=100）与设备工器具购置固定资产投资价格指数（上年=100），逐年递推得出两类投资价格。

三是折旧率假设。现有文献对折旧率的选择大多集中在

5%～10%，由于建筑工程与设备器具使用年限差距甚大，本文对其分别采取了不同的折旧率。其中，建筑工程的折旧率为 8%，设备工器具的折旧率为 24%。

四是初始资本存量确定。在选取初期资本水平时，假设初期经济处于平衡增长路径，将初期实际投资额除以折旧率与实际投资增长率之和即得初期实际资本存量。折旧率仍然选择建筑安装工程 8%和设备工器具购置 24%，并选取实际投资增长率为 1978—2022 年间的实际投资平均增长率。

根据以上四类分析，本文根据资本积累方程可以得出建筑安装工程与设备工器具的资本存量，最终加总得到总的资本存量。

劳动投入

衡量劳动投入较常用的指标为劳动时间，而由于缺乏相应的统计数据，国内较多文献采用劳动人员数量代替。本文尝试构建人力资本指标来衡量劳动质量，对人力资本指标的计算步骤如下：首先根据受教育年限与教育回报率计算出教育回报；其次对教育回报函数取自然指数便得到人力资本指数。

一是平均受教育年限。本文使用《劳动统计年鉴》中不同受教育程度群体比例的数据，加权计算出了劳动人口的平均受教育年限。

二是教育回报率与教育回报。众多研究我国教育回报率的学者认为，20 世纪 90 年代后期的教育回报率估算在 5%～15%。表 3-1 总结了该领域主要文献计算的教育回报率。

表 3-1　主要文献中教育回报率计算结果

作者	样本年份	教育回报率（基准）	教育回报率（拓展）
Psacharopoulos & Patrnos (2004) [Hossain (1997)]	1993	总体：12.2% 小学：18.0% 中学：13.4% 高等教育：15.1%	
Zang, Zhao, Park & Song (2005)	1988	4.0%	2.3%（控制变量）
	1990	4.7%	2.7%
	1995	6.7%	4.3%
	2000	10.1%	6.6%
	2001	10.2%	6.0%
Li, Liu & Zhang (2012)	2002	8.4%	2.7%（GLS）
Ding, Yang & Ha (2013)	2002	9.7%	7.1%（控制变量）
	2004	10.5%	8.2%
	2006	10.2%	7.8%
	2008	10.2%	7.4%

续表

作者	样本年份	教育回报率（基准）	教育回报率（拓展）
	2009	10.3%	7.3%
Ding, Yang & Ha (2013)	CHNS：1988—2009		平均：6.79% 1992 年开始教育回报率（拓展）稳定增长，到 2005 年后出现停滞甚至下滑
Liu & Zhang (2012)	Meta：1975—2009		教育回报率（拓展）每年以 0.2%的速度增长
Awaworyi & Mishra (2014)	Meta：1990—2013		10.3%
Awaworyi & Mishra (2018)	Meta：1990—2014		15.3%

本文采用 8%作为教育回报率的基准结果。教育回报则以总体的平均受教育年限与平均教育回报率直接相乘。

三是人力资本指数。我们已经通过上述步骤得到教育回报，根据佩恩世界表（Penn World Table，PWT）的方法，对教育回报函数取自然指数便得到人力资本指数。

劳动份额

劳动份额=劳动者报酬/GDP。我们根据收入法核算的分省 GDP 数据和全国层面的资金流量表分别计算劳动份额,取两种计算方式所得结果的均值作为历年劳动份额。

产出

本文直接采用《中国统计年鉴》中 GDP 数据,并用 GDP 指数将名义 GDP 折算为实际 GDP。将 1978 年的价格设定为 1,则之后每一年的价格等于价格增长因子,将名义 GDP 除以价格增长因子,即可算出各年以 1978 年为基期的不变价格的实际 GDP。

测算结果

1978—1991 年我国 TFP 波动较大,平均增长率为 2.80%。1992—2001 年 TFP 平均增长率为 3.10%,最高点为 1992 年的 7.26%。加入 WTO 后、2008 年全球金融危机前的 2002—2007 年,我国 TFP 平均增长率为 3.49%,为各阶段的最高值。2008 年后,我国 TFP 增长率明显下降并呈 V 型走势,2008—2022 年 TFP 平均增长率仅为 1.26%,低于 1978—2007 年 3.04% 的平均值。其中，2008—2011 年 TFP 平均增长率仅为 0.66%，2012—2019 年的 TFP 平均增长率反弹至 1.54%。受新冠肺炎疫情冲击影响，2020—2022 年的 TFP 平均增长率小幅滑落至 1.31%（见图 3-1）。

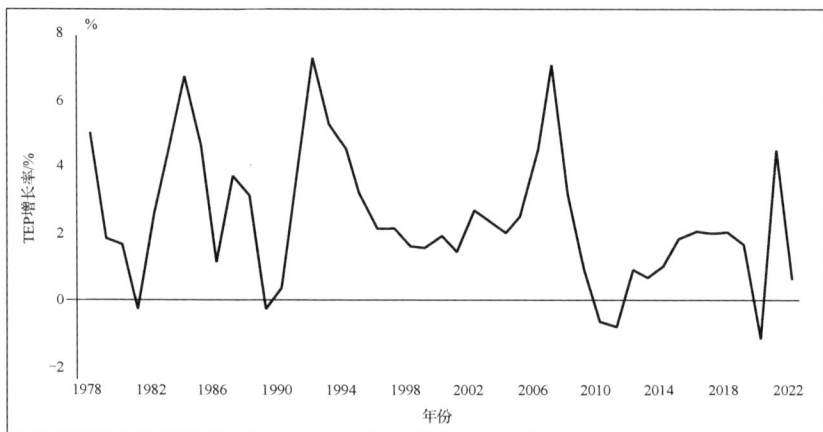

图 3-1　1978—2022 年我国 TFP 增长率

不同阶段 TFP 增速变化趋势分析

一是 1978—1991 年：改革开放初期 TFP 高增速与高波动并存。本阶段 TFP 增长的特点是高增速与高波动并存。具体而言，改革开放初期 TFP 增长主要依靠农业与非国有非农业部门。由于农业部门改革时间相对较早，因而 1978—1991 年农业部门生产率快速增长，同时由于农业部门体制改革造成大量劳动力从农业部门中解放，进而转向非国有非农业部门，同样提高了非国有非农业部门的 TFP 增速。在改革开放初期，国家经历了一系列经济制度变革与市场化进程。这些改革在提升资源配置效率的同时也增强了市场波动与不确定性。

二是 1992—2001 年：技术与管理进步加快 TFP 增长。1992 年邓小平南方谈话被视为我国市场化改革进程加快的标志性事件。1992—2001 年，我国 TFP 平均增长率为 3.10%，这一阶段在 TFP 增长率更高的情况下波动率明显降低。

从国内来看，非国有非农业部门及农业部门仍保持着较高的增速，与上一阶段相比，国有部门的生产率也有明显提升。自 1993 年来，国有企业改革进入新阶段，1993 年党的十四届三中全会、1997 年党的十五大分别就国有企业改革作出重要指示，全国范围内国有企业进行大范围改组及重组。国有企业改革显著提升了这一时期内国有部门的 TFP，也推升了整体 TFP 的增速。

从国际比较来看，这一时期由于全球技术管理水平的上升，世界各国的 TFP 均开始上升。此阶段全球的技术、管理水平上升通过我国进一步对外开放传导到国内，特别是非国有非农业部门从外资企业中学习到先进的管理方式、加快全球化生产，导致非国有非农业部门的 TFP 仍保持高增长率。

三是 2002—2007 年：加入 WTO 推动 TFP 逐年增长。这一时间段内我国 TFP 平均增长率为 3.49%，为各时间段中最高，且这一时间段内 TFP 增速呈现逐年升高态势。

从国内来看，这一阶段互联网革命不断深化推进，国内经济增长动能持续发生变化。这一阶段 TFP 增长的主要动能仍来自于非国有非农业部门生产率的快速增长。以互联网为代表的新型非国有非农业部门在这一时间段内迅速发展，带动非国有非农业部门生产率在 7 年内增长约 50%。除此之外，受国有企业改革的长期影响，本阶段国有部门的效率快速增长，带动 TFP 增速持续攀升。

从国际比较来看，进入 21 世纪后，法国、德国等国家受经济总量影响，其 TFP 增速不断放缓，而美国由于信息技术革命带来的红利使其在经济危机前一直维持较高的 TFP 增速。2001 年，我国正式加入 WTO，在全球化加深的大背景下我国进一步融入全球化进程，特别是与全球的商业联系不断增强，这使得我国充分融入全球信息技术革命，并依靠其红利推动 TFP 增长。

四是 2008—2011 年：四万亿元财政刺激计划下经济粗放式增长，且世界逆全球化进程开启，TFP 增速下降。2008—2011 年，我国 TFP 平均增长率仅为 0.66%，为各历史阶段中的最低值。

2008年全球金融危机爆发之后，我国外向型经济发展面临较大的发展阻力，经济增长降速。与此同时，为保证经济的平稳增长，2008年11月，中央出台了四万亿元财政刺激计划，主要用于基础设施建设等项目。在财政政策支持背景下，投资大幅增加，资本投入增速提升。此外，2010年和2011年从业人员教育程度的提升导致了人力资本增速的提升，这在一定程度上对TFP增速产生了抵消作用。

从资本配置效率角度来看，资本投入增速提升下经济粗放式增长，资本配置效率下降，这可能是TFP增速下降的一个重要原因。一方面，资源过度集中在基础设施建设而非在更高效的产业中进行分配，也降低了资源配置效率。另一方面，大量资金进入以城投平台为代表的地方国有企业，而国有企业的TFP比民营企业的TFP较低。大量的资本被束缚在了相对低效率的企业中，没有得到最优的利用，从而限制了整体经济的生产力提升。

从技术进步的角度来看，2008年全球金融危机的爆发阻断了全球化的进程，逆全球化趋势开始，国家之间的要素流动、技术传播进程放缓，进而影响了TFP增速。在外商来华投资减少的环境下，国际合作和知识共享的程度可能会降低，进而影响技术进步的速度和效率。

五是 2012—2019 年：供给侧改革和高质量发展政策引导下，TFP 增速小幅回升。2012—2019 年，我国 TFP 平均增长率为 1.54%，较上一阶段有所回升。

这一时期，依靠大规模资本投入、人口红利推动经济高速增长的传统模式难以为继，资本投入对 GDP 增速的贡献率从 2008—2011 年的 80.0%下降至 72.7%，劳动时间投入对 GDP 增速的平均贡献率转为-0.4%。尽管资本投入和劳动投入呈下降趋势，但在供给侧改革和高质量发展政策的引导下，TFP 的提升使经济仍能保持中高速增长。

六是 2020—2022 年：逆全球化程度加深叠加国内经济增长驱动力转换，TFP 增速回落。2020—2022 年，我国 TFP 平均增长率为 1.31%，略低于 2012—2019 年的平均水平。

这一时期受到了新冠肺炎疫情的冲击，国内正常生产和生活秩序被严重打乱。疫情引发了全球供应链中断等一系列挑战，给企业带来了较大的困难和损失。在这种不利的经济环境下，我国的 TFP 增长受到了限制，表现出略微下降的趋势。

自新冠肺炎疫情爆发以来，世界格局经历了深刻变化，逆全球化的趋势也在近几年内加速发展。如果说 2008 年标志着逆全球化的开始，那么受到中美贸易摩擦、全球新冠肺炎疫情以及俄乌冲突等因素的影响,逆全球化进程在过去几年内呈现出明显的加速趋势。中美贸易摩擦以来,美国政府已出台多轮对华科技投资限制。这些限制措施可能阻碍技术进步在国家之间的传播,给我国的技术创新带来不利影响,拖累 TFP 增速。

从国内经济发展环境来看,我国经济增长正处于传统动能驱动到新动能驱动的换挡期。我国的新质生产力行业在过去几年间有了较快的发展,但相较于传统的经济增长动能,如基础设施建设、房地产行业等,新质生产力行业在整个经济中的比重仍偏小,对 TFP 增速和经济增长的拉动作用还有待提高。

结论与政策建议

目前,我国正处于经济换挡期,面临着资本回报率下降和人口红利减弱的挑战,以及国际形势变幻莫测,逆全球化趋势延续的问题。在这样的背景下,未来经济增长更加依赖于 TFP 的提升。TFP 的增长本质上就是通过促进创新和提高资源配置效率来推动经济发展。这意味着我们必须大力发展新质生产力,以高科技、高效能和高质量为特征的新质生产力,能够通过技术创新和生产方式的优化,显著提升 TFP,从而为我国经济的可持续发展提供强有力的支撑。

为达到 2035 年 GDP 比 2020 年翻一番的目标，在投资率中性条件下我们依然需要将 TFP 年均增速保持在 2%以上。

深化要素市场化改革，释放改革红利。市场化改革可以通过优化要素配置以及激励机制促进 TFP 的提升，而当前我国要素市场化配置表现出土地城乡二元割裂、劳动力流动受户籍制度限制、多层次资本市场发展不足等问题，一定程度上制约了我国经济发展的潜力。加快要素市场化改革将是深化供给侧结构性改革的重要突破口，有助于推动生产要素从低质低效领域向高效领域流动，增强效率驱动的增长动力。为此，本文提出如下政策建议。

一是加快构建全国统一大市场，大力推进新型城镇化建设，逐步放宽放开城市落户限制，优化基本公共服务区域供给格局，提高县域经济产业承载力和吸纳就业能力，打破地方保护和行政性垄断，降低各类要素在城乡和区域间的流动成本。为此，建议：第一，营造市场化、法治化经商环境，加快简政放权、放管结合改革，畅通资本和人才向民营企业和中小微企业的流动渠道，确保各类所有制经济平等使用各类要素；第二，深化金融供给侧结构性改革，强化金融稳定保障体系，健全多层次资本市场体系，深化境内外资本市场互联互通，创新直达战略性新兴产业发展的金融产品和服务。

二是建设现代化产业体系，优化基础设施建设，加快科技创新。技术创新是经济发展从传统要素驱动转向创新驱动的关键，提升国家实力的关键。当前我国科技实力迅速崛起，研发支出迅速增长，专利批准数量位列全球第一，但整体上我国科技发展仍与部分发达国家存在较大差距，高效研发占比偏低，基础科研投入较薄弱。为进一步提升我国科技创新能力，建议：第一，加快建设以实体经济为支撑的现代化产业体系，推动制造业高端化、智能化、绿色化转型，稳定制造业比重；第二，优化基础设施建设，促进投资在新技术的研发应用和新业态的探索发展方向集中，实现投资需求结构和产业结构的同步升级；第三，加强知识产权保护力度，培育技术要素市场，完善和优化科技创新政策支持体系，鼓励企业加大研发投入和加快智能设备更新改造，增强市场主体创新动力。

三是加大教育投入，形成人才红利。我国在优化生育政策、鼓励生育和稳定人口数量的同时，还应当继续降低教育费用和人力资本的投资成本，加快人口质量增长，使更高质量的劳动力供给结构与更高水平的产业结构相适应，从而推动产业升级与 TFP 提高。为此，建议：第一，提高公共教育质量，完善学前教育基础设施，补贴多子女家庭学费支出，以劳动力供给质量增长对冲数量下降影响；第二，缩小城乡家庭之间和不同收入群体之间的教育服务差距，从劳动力质量维度充分发挥人口规模潜力与优势，优化劳动力结构。

四是继续加快高水平开放，增强比较优势。提高对外开放程度、引进和学习其他国家的先进技术，有利于更好地通过贸易发挥比较优势，从而促进 TFP 的提升。近年来，我国对外开放程度稳步提高，在更广领域扩大了外资市场准入。面对日益增加的外部风险和不确定性，我国更应在全球产业链重构趋势中增强自身比较优势，推动实现更高层次和更高水平的对外开放，以开放促进资源优化配置，提高生产效率。为此，建议：第一，积极推进制度型开放，统筹各类开放平台建设，加快推动"一带一路"倡议的高质量发展，加强外贸产业链供应链和初级产品进口保障；第二，降低先进技术、重要设备、能源资源进口关税，拓展新兴市场促进进口来源多元化，加快发展跨境电商、市场采购贸易等新模式，提高贸易数字化水平；第三，加大先进制造、现代服务、数字经济等领域引进外资的力度，加快服务业扩大开放综合试点示范，依法保障外资企业国民待遇，加强产权保护和财税支持力度。

第二部分

完善科技创新机制，推动成果转化和产业提升

预见未来，布局现在：颠覆式技术与未来产业发展

仲为国

2023 年 9 月，习近平总书记在黑龙江考察时指出，"整合科技创新资源，引领发展战略性新兴产业和未来产业，加快形成新质生产力"。2024 年《政府工作报告》也指出，"大力推进现代化产业体系建设，加快发展新质生产力"。显然，未来产业对发展新质生产力具有至关重要的作用。为了分析我国未来产业发展状况及其与新质生产力的关系，北京大学光华管理学院与中国科学技术信息研究所和上奇数字科技有限公司合作，对我国未来产业发展状况进行了深入剖析。首先，我们尝试阐释未来产业、颠覆式技术创新与新质生产力的概念内涵及其关系。其次，通过对全球专利数据中涉及未来产业的底层技术数据进行拆解，我们分析了我国未来产业中的企业分布和创新专利情况。最后，基于分析结果，我们归纳了我国未来产业发展现状的特征与不足，并提供了一些可供参考的对策与建议。

未来产业与颠覆式技术

值得注意的是，以往学者们研究颠覆式创新主要从颠覆式技术和颠覆式企业两个维度出发。颠覆式企业创新是指企业通过对市场机会的识别、客户价值的重构、渠道的整合与组织的优化等步骤，从低端或新市场起步，逐步渗透并最终进入主流市场。颠覆式技术创新则可能在任何既定市场中发生，通过精心设计的技术路线图、有策略的技术创新以及智能的模块化设计逐步构建起颠覆现有技术的能力，并最终实现颠覆式创新。

一是颠覆式技术创新。颠覆式技术创新（Disruptive Technology Innovation）指的是消费者所看重的技术属性中不占优势或被忽视的技术创新。2003 年，美国学者克里斯坦森（Christensen）等提出，颠覆式技术创新通常具备以下特点：第一，性能不足，即在主流技术看重的性能上不如现有产品；第二，新特性被忽视，即提供的新颖功能未被主流客户所重视；第三，经济性，即以更简单、低成本的方式提供产品，价格通常更低；第四，吸引低端市场，即最初吸引价格敏感的低端市场客户；第五，性能提升，即创新会慢慢成熟，产品的性能提升将逐渐吸引主流市场客户。德国学者胡西格（Hüsig）等认为颠覆式技术创新除了廉价、简单、初始性能较低、主流客户拒绝等特点外，还具备三个特点，即：性能过剩，主流技术的改进速度超出市场的实际需求和吸收能力；偏好重叠，颠覆式技术能够满足一个比现有市场和新兴市场重叠部分更大的客户群体；性能交叉，颠覆式技术的性能满足现有市场低端需求的水平时开始对现有市场构成威胁。戈文达拉吉（Govindaraj）和科帕尔（Kopalle）则在借鉴以上研究的基础上，在颠覆式技术创新的定义上增加了"从利基市场渗透到主流市场"的过程。

二是未来产业。"十四五"规划提出"前瞻谋划未来产业"这一重要战略方向，全国各级政府、各个部门相继出台了相应的发展规划和落实方案。例如，《北京市促进未来产业创新发展实施方案》要求全市面向六大领域的二十大方向打造未来产业高地；《浙江省人民政府办公厅关于培育发展未来产业的指导意见》提出短期优先发展以未来网络为代表的九大基础行业，长期培育发展以量子信息为代表的六大潜力行业；《江苏省人民政府关于加快培育发展未来产业的指导意见》提出重点发力未来网络、通用智能和前沿新材料等成长性行业，逐步形成"10+X"的未来产业体系。据不完全统计，截至 2023 年年末，北京市、上海市、江苏省、浙江省、江西省等已经发布了 30 余项未来产业政策，逾 28 个地级市制定了 45 份未来产业专项发展规划，我国的未来产业发展进入了全面发力阶段。

然而，尽管未来产业的政策文件相继出台，学术界对其概念内涵和外延的界定却莫衷一是。事实上，由于不同政策文件中对涉及未来产业的具体行业的阐释并不完全一致，导致学术界对其认知和界定的模糊性。尽管如此，当前研究仍然尝试从三个方面对其进行界定。

首先是产业科学技术。以往的一些研究倾向于遵循政府出台的政策报告对未来产业的行业划分，通过行业涉及的核心技术差异界定未来产业的内涵领域。例如，一些国外的研究通常将未来产业界定为包含人工智能、先进制造、量子科学、先进通信网络和生物技术五个前沿科技领域。相较之下，我国"十四五"规划中提到的前沿领域包含人工智能、量子信息、集成电路、生命健康、脑科学、生物育种、空天科技、深地深海等；而工业和信息化部等七部委则将未来产业划分为未来制造、未来信息、未来材料、未来能源、未来空间和未来健康六大方向，至少包括元宇宙、类脑智能、脑机接口、量子信息、人形机器人、生成式人工智能、基因技术、生物制造、未来显示、未来网络、深海空天开发、新型储能等具体领域。

事实上，由于各国之间、国内不同地区之间的资源禀赋、技术优势和战略选择存在显著差异，因此通过行业涉及的核心技术对未来产业进行定义通常会导致概念内涵模糊不清。例如，由于我国总体资源相对短缺，所以非常重视以"碳达峰""碳中和"

为阶段性目标的可持续发展战略，这导致国内学者通常会将氢能与储能等前沿技术领域作为未来产业的重要构成部分，但这类行业和领域似乎很少出现在国外其他地区对未来产业的研究中。从这一点来看，厘清我们对未来产业的认识和边界，必然需要根据不同地区的实际情况界定未来产业，甚至在此基础上发力不同地区之间差异化的产业发展。

其次是产业生产要素。一些研究认为，未来产业与传统产业之间的区别在于其核心生产要素的差异。例如，一些研究强调了大数据作为未来产业关键生产要素的底座性作用，其通过与其他生产要素深度融合实现颠覆式的创新产出，因此"数据资源及其整合、分析与使用"被视为未来产业的概念核心。另一些研究则重点关注了人工智能技术、算法模型等要素的价值，认为未来产业在数据要素的基础之上，还需要利用先进的算法模型对数据进行深度的挖掘和分析，换句话说，"数据+算法"的有机结合才是未来产业实现颠覆式创新和价值创造的关键核心。此外，一些学者则强调，未来产业的发展除了考虑数据和算法的核心作用，还需要强大的算力作为底层支撑。例如，李莉等发现，尽管人工智能与机器学习等技术的进步使得数据和算法成为关键生产要素，但对大数据的收集与使用仍然需要与不同生态合作伙伴间的创新互动，这就要求建立起支撑性的"计算生态系统"。综上所述，我们会发现，从生产要素的角度出发，以往研究普遍将"数据+算法

+算力"作为未来产业与传统产业间的重要差异。

最后是产业组织视角。有研究认为，传统产业通常因为单一通用技术而受限于产业链上下游企业之间的地理空间，普遍形成的是一种链式的上下游伙伴关系；与之不同的是，未来产业通常需要不同的前沿科学技术、创新的生产要素以及跨部门、跨区域的协同，因此必然会出现技术边界模糊和跨界融合的现象。在此基础上，随某一行业内部的技术创新渗透并溢出到其他相关的产业中，技术融合必然导致产业大融合的趋势。事实上，已有的一些研究已经开始强调数字化时代下多主体参与、多种技术融合形成的平台生态系统，并将其视为未来产业的特征之一。

综上所述，从宏观来看，未来产业是以满足未来人类和社会发展中涌现的新需求为目标，以新兴技术创新为驱动力，旨在扩展人类认识空间、提升人类自身能力、推动社会可持续发展的产业。未来产业代表着新一轮科技和产业革命的战略方向，对社会发展起支撑带动和引领作用。具体来说，未来产业可以被认为是以前沿领域为发展方向，以"数据+算法+算力"为先进生产要素，以颠覆式技术创新和跨界融合为特征的、面向未来的新兴产业，在孵化自身细分产业的同时还能为传统产业和战略性新兴产业提供新机遇、赋予新动能。

三是未来产业与颠覆式技术创新。未来产业与颠覆式技术创新的紧密关系在于，未来产业发展往往是由前沿科技和颠覆式技术创新所引领的。颠覆式技术是"当下的边缘力量，未来的主流技术"，它决定了未来产业发展的两个核心问题。第一，技术演进的非连续性，这使得基于现有技术路径积累的知识和经验在技术转型时可能变得不再适用。第二，未来主流的不确定性，众多边缘力量通过"竞争"和"适配"才能成为未来主流。未来产业的发展基于颠覆式技术或前沿技术，高度依赖基础科学的突破和应用场景的拓展。换言之，未来产业是在颠覆式技术创新中不断地试错过程中逐渐形成的。这些技术通过不断地实验、调整和优化，引领产业的变革和发展。

随着以大数据、人工智能为代表的信息技术的迅速发展，生产力质态发生了变化。数字基础设施的统筹布局，推动了数字技术在新兴产业的广泛应用。数字技术加快应用，催生颠覆式创新不断涌现。例如，数字技术应用是催生颠覆式创新的重要因素，同样也可以成为企业应对颠覆的手段。新创企业常常借助数字技术颠覆传统企业，如电子商务企业对传统超市的冲击，以及共享出行平台对出租车行业的挑战。相应地，传统企业也可以利用数字技术改造原有业务，以应对颠覆者的挑战。将人工智能、大数据分析等前沿技术融入组织生产活动，企业就能持续发掘新的增长机会。未来产业带来的格局重塑和价值链重构，是我国面临的历史机遇；完备的工业体系、广袤的市场空间、多样的市场生态为全球重大前沿技术、颠覆式技术的汇聚融合提供了舞台。

四是未来产业与新质生产力。2023 年年底的中央经济工作会议明确提出，"要以科技创新推动产业创新，特别是以颠覆式技术和前沿技术催生新产业、新模式、新动能，发展新质生产力"。其中，新质生产力被界定为以科技创新为主导、实现关键性颠覆式技术突破而形成的生产力，其核心在于"以新提质"，即通过颠覆式技术创新来驱动高质量生产力的发展和经济增长。从这一点来看，发展新质生产力的要义在于将创新驱动（尤其是颠覆式技术创新）作为生产力质量的核心要素，而培育新质生产力离不开未来产业的发展。

首先，未来产业能够为新质生产力的发展提供高质量的劳动力。与传统产业中的从业者相比，未来产业中的劳动者通常需要受到更好的教育，通过掌握更加先进的技能来掌控和使用生产资料，他们因此具备更加前沿的科学技术知识、拥有更强的创新和实践能力，进而带来更高的生产效率。其次，未来产业提供了发展新质生产力所必需的新质劳动资料。例如，以大语言模型、机器学习等技术为代表的人工智能技术是未来产业中的核心要素，有效使用这些先进的技术通常更可能获得颠覆式创新，进而大大提升生产效率。最后，未来产业发展的跨界融合趋势意味着人才链、创新链和产业链的高度协同，这些不同要素的聚集与协调很可能会产生出全新的、高效的资源组合，未来产业的跨界融合发展模式本身也是提供颠覆式创新的重要驱动力。

综上，新质生产力必然以颠覆式技术创新为核心驱动力，并且需要高质量的劳动者、劳动资料通过深度的协同与融合，并通过不同要素之间的创造性组合来实现生产力的新质化改造和升级。在整个过程中，未来产业将在很大程度上成为决定我国新质生产力发展的关键产业阵地。

我国未来产业发展现状

本研究团队与中国科学技术信息研究所和上奇数字科技有限公司合作，对我国当前未来产业各细分行业进行了深入探究。首先，对未来产业中的主要参与者和实际行动者——企业主体进行了比较和分析，从而发现了不同企业在存量和增量上的变化趋势与分布差异。接着，我们进一步考察技术创新所遵循的技术曲线——即早期低研发产出的上升阶段，以及接近材料、技术等物理极限阶段的整个过程。本研究团队基于此视角与全球专利数据，对未来产业涉及的几种底层技术进行了专利拆解，细分了底层专利技术在企业的分布，从而根据研究团队建立的未来产业专利基础进行重新划分。

在此基础上，研究团队将 2024 年国务院《政府工作报告》中涉及的未来产业的布局和重点任务进行了梳理，区分了不同细分行业在未来产业中的作用和价值：巩固扩大智能网联新能源汽车等产业领先优势，加快前沿新兴氢能、新材料、创新药等产业发展，积极打造生物制造、商业航天、低空经济等新增长引擎；制定未来产业发展规划，开辟量子技术、生命科学等新赛道，创建一批未来产业先导区；鼓励发展创业投资、股权投资，优化产业投资基金功能；加强重点行业统筹布局和投资引导，防止产能过剩和低水平重复建设。

一是未来产业的企业发展状况。从行业分布情况来看，当前企业数量排名前五的行业依次是：人工智能、空天技术、卫星及应用、氢能和储能，这些行业至少代表了人工智能、航空航天与新能源三大未来发展领域。其中，人工智能行业中存在 7.1 万家企业，遥遥领先于其他行业。空天技术行业与卫星及应用行业分别有 3.2 万、2.9 万家企业，而氢能行业和储能行业则分别有 2.5 万和 1.4 万家企业。相比之下，在企业数量排名后五的行业中，除了科学计算行业企业数量较多之外（7000 多家），光电通信、自动驾驶、量子通信和类脑智能行业的企业数量均在 300～3200 家。

与行业企业存量的分布情况相似，新增企业数量最多、行业发展最快的前五大行业仍然是人工智能、空天技术、卫星及应用、氢能和储能。其中，人工智能行业在 2023 年新增了 4478 家企业，之后则是卫星及应用、空天技术、氢能与储能行业，分别增加了 3057 家、2978 家、2875 家和 2146 家企业。相比之下，排名后五的科学计算、光电通信、自动驾驶、量子通信和类脑智能行业在一年内的新增企业均未超过 150 家。图 4-1 所示为 2023 年我国未来产业的企业存量与增量的行业分布。

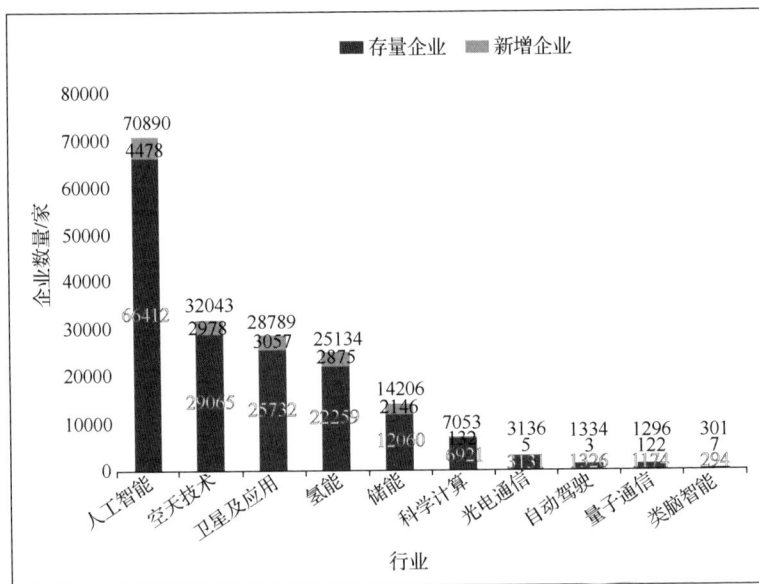

图 4-1　2023 年我国未来产业的企业存量与增量的行业分布

从地区分布情况来看，一线城市和部分沿海地区的未来产业企业数量遥遥领先于其他地区，而西北和东北地区的未来产业发展则相对落后。其中，排名前五的分别是广东省、北京市、江苏省、上海市和浙江省，而排名后五的分别是黑龙江省、甘肃省、宁夏回族自治区、青海省和西藏自治区。同样地，未来行业企业数量增加最快的前五大地区也是一线城市和部分沿海地区。其中，排名前五的依次是广东省、浙江省、上海市、江苏省和山东省，而新增企业数量最少的五个地区则是黑龙江省、贵州省、宁夏回族自治区、青海省和西藏自治区。可见，企业存量和企业增量在不同地区之间的分布情况大体相似。图 4-2 所示为 2023 年我国未来产业的企业存量的行业与地区分布。

省份	人工智能	氢能	空天技术	卫星及应用	储能	科学计算	光电通信	自动驾驶	量子通信	类脑智能
西藏自治区	81家	8家	57家	69家	9家	6家			1家	
青海省	75家	20家	106家	138家	46家	19家	5家		1家	
宁夏回族自治区	247家	54家	155家	158家	59家	10家	4家		3家	
甘肃省	332家	107家	263家	384家	134家	13家	4家	1家	3家	
黑龙江省	375家	97家	442家	518家	100家	21家	4家	1家	14家	
贵州省	423家	86家	521家	511家	112家	22家	4家	5家	8家	3家
吉林省	527家	126家	529家	586家	108家	23家	22家	9家	17家	1家
新疆维吾尔自治区	598家	132家	399家	485家	101家	13家	8家		3家	
内蒙古自治区	397家	187家	633家	706家	153家	18家	5家		3家	1家
海南省	784家	120家	729家	558家	63家	28家	1家		11家	
江西省	842家	396家	703家	620家	209家	35家	39家	4家	8家	
云南省	719家	80家	882家	817家	108家	19家	8家		7家	
山西省	931家	222家	670家	645家	241家	35家	13家	1家	15家	1家
重庆市	1076家	240家	597家	526家	187家	88家	20家	20家	19家	2家
广西壮族自治区	1203家	133家	637家	761家	125家	26家	6家	5家	20家	1家
辽宁省	1297家	614家	1014家	740家	576家	54家	35家	16家	24家	4家
天津市	907家	1498家	1267家	401家	214家	92家	36家	16家	26家	4家
陕西省	1571家	394家	1236家	1197家	271家	105家	60家	19家	28家	
河北省	1727家	1145家	1105家	1543家	642家	46家	42家	11家	29家	4家
安徽省	1956家	405家	802家	919家	589家	174家	123家	41家	78家	19家
福建省	2078家	1109家	1040家	1063家	317家	153家	112家	27家	19家	
湖南省	2363家	297家	855家	979家	358家	67家	37家	34家	20家	6家
河南省	2390家	977家	1151家	1345家	408家	59家	35家	12家	38家	6家
湖北省	2673家	470家	1110家	1242家	354家	168家	105家	47家	72家	5家
四川省	2738家	648家	2374家	1968家	354家	237家	78家	27家	54家	11家
山东省	3872家	1447家	2035家	1664家	994家	218家	103家	43家	63家	7家
浙江省	5140家	6652家	1352家	1330家	1579家	645家	416家	118家	94家	29家
上海市	6675家	2717家	1439家	535家	1007家	961家	237家	199家	105家	35家
江苏省	6847家	2760家	2026家	1937家	2164家	812家	462家	179家	136家	51家
北京市	7064家	612家	2579家	1546家	566家	1732家	266家	222家	130家	38家
广东省	12981家	1381家	3355家	3098家	2088家	1172家	847家	271家	242家	61家

行业

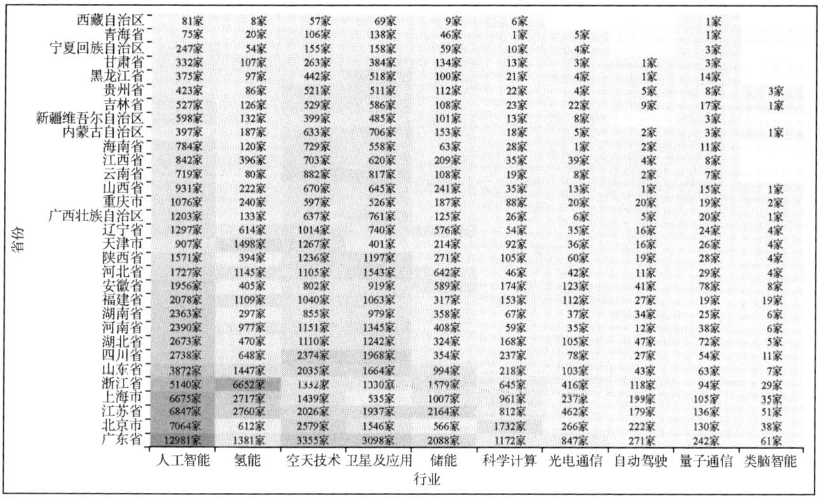

图 4-2　2023 年我国未来产业的企业存量的行业与地区分布

注：这里不包括港澳台地区，下同。

就企业在不同地区、不同行业分布情况来看，涉及未来产业的企业主要集中于一线城市和沿海地区的人工智能行业。其中，排名前五的分别是广东省的人工智能、北京市的人工智能、江苏省的人工智能、上海市的人工智能和浙江省的氢能产业，相关企业数量均超 6000 家，其中广东省的人工智能企业数量甚至将近 1.3 万家。排名落后的则主要是西北地区和东北地区的类脑智能行业，其中西藏自治区、新疆维吾尔自治区、青海省、宁夏回族自治区、甘肃省、黑龙江省目前基本上还没有属于类脑智能行业的企业。图 4-3 所示为 2023 年我国未来产业的企业增量的行业与地区分布。

省份	人工智能	氢能	卫星及应用	空天技术	储能	科学计算	量子通信	自动驾驶	类脑智能	光电通信
西藏自治区	4家	3家	8家	4家	4家					
青海省	7家	9家	13家	9家	23家					
宁夏回族自治区	30家	7家	12家	9家	22家	1家	1家			
贵州省	34家	8家	28家	19家	15家		1家			
黑龙江省	23家	7家	40家	35家	10家	2家	2家			
吉林省	27家	9家	41家	25家	16家					
新疆维吾尔自治区	53家	43家	55家	39家	31家	3家				
云南省	50家	38家	58家	25家	25家		3家			
甘肃省	31家	16家	63家	27家	50家	1家				
江西省	66家	54家	42家	43家	28家	1家	3家			
广西壮族自治区	47家	11家	70家	24家	24家	1家	3家			
重庆市	72家	30家	58家	59家	32家		4家			
内蒙古自治区	19家	43家	96家	37家	36家					
山西省	97家	19家	56家	31家	60家					
辽宁省	102家	35家	43家	71家	56家	1家				
安徽省	119家	49家	104家	39家	62家	7家	11家			1家
湖南省	117家	80家	93家	126家	52家					
海南省	101家	48家	117家	129家	20家	3家				
陕西省	130家	50家	137家	108家	44家	3家	5家			
河北省	77家	131家	140家	94家	68家		3家		1家	
湖北省	152家	60家	126家	111家	59家	8家	3家			
福建省	127家	155家	98家	93家	48家		3家			
河南省	171家	95家	65家	49家	106家	3家	5家		2家	
天津市	68家	207家	36家	160家	37家	1家	3家			1家
四川省	187家	186家	174家	214家	39家	4家	6家			
北京市	230家	88家	314家	344家	56家	17家	6家	4家		
山东省	555家	130家	137家	176家	152家	4家	3家			1家
江苏省	308家	250家	190家	256家		12家	14家		1家	1家
上海市	395家	225家	83家	157家	103家	7家	14家			
浙江省	308家	90家	95家	313家		18家	19家			2家
广东省		200家	470家	418家	299家	29家	19家	1家	3家	

图 4-3　2023 年我国未来产业的企业增量的行业与地区分布

进一步分析新增企业在不同地区、不同行业分布情况，未来产业的企业在过去的一年中主要集中出现在一线城市和部分沿海地区的人工智能、氢能、卫星及应用与空天技术行业。新增企业数量排名前五的分别是广东省的人工智能、浙江省的氢能、广东省的卫星及应用、广东省的空天技术和上海市的人工智能产业，其新增企业数量均超 400 家。相比之下，新增企业数量最少的则是西北、东北和一些西南地区的类脑智能、光电通信和自动驾驶产业，其中西藏自治区、新疆维吾尔自治区、内蒙古自治区、青海省、甘肃省、宁夏回族自治区、黑龙江省、吉林省、辽宁省、云南省、贵州省、重庆市等地区在过去的一年中甚至没有新增任何一个涉及类脑智能、光电通信或自动驾驶的企业。

二是未来产业的创新专利情况。对 2023 年创新专利研发的行业分布进行分析，我们可以发现已经获得专利授权数量排名前五的行业依次是：储能、人工智能、光电通信、氢能和卫星及应用。其中储能行业专利授权量第一，总计已经获得了授权专利 100 余万件；人工智能行业排名第二，已获得授权专利总计 89 万余件，其后的光电通信、氢能和卫星及应用行业则分别已获得授权专利 26 万余件、近 21 万件和 17 万余件。相比之下，自动驾驶、科学计算、空天技术、量子通信与类脑智能行业已经获得的授权专利则相对较少，基本上为 0.8 万～6.6 万件。

进一步分析创新专利的新开发情况，我们发现在 2023 年中新获得专利授权数量排名前五的行业依次是：氢能、空天技术、类脑智能、人工智能和科学计算行业，分别新获得专利 2.3 万件、

3444 件、1300 件、876 件和 40 件。在新获得专利授权数量排名后五的行业中，最多的是新获得专利 14 件的卫星及应用行业，最少的则是新获得专利 2 件的量子通信行业。比较新获得专利数量最多的氢能行业和最少的量子通信行业，前者新获得的专利数量是后者的 1 万多倍。

表 4-1 所示为 2023 年我国未来产业的授权专利存量的行业与类型分布。

表 4-1　2023 年我国未来产业的授权专利存量的行业与类型分布

行业	发明	实用新型	外观设计
储能	276331	706679	21412
人工智能	321567	444555	127921
光电通信	74444	183255	7663
氢能	67990	130112	11082
卫星及应用	75146	73175	26255
自动驾驶	21548	39516	4495
科学计算	22490	13539	1406
空天技术	13336	10189	861
量子通信	12634	8038	189
类脑智能	6406	1841	292

从专利类型的分布情况来看，涉及未来产业的各行业已经获得的授权专利绝大部分是实用新型专利，总计 161 万余件；其次是发明专利，总计 82 万余件；相对较少的是外观设计专利，总计 20 万余件；三者占比分别是 61%、31% 和 8%。从新增专利的类型分布情况来看，在 2023 年各行业新获得的专利

中，有 1.4 万余件是发明专利，1.3 万余件是实用新型专利，仅有 1176 件属于外观设计专利；三者占比分别是 50%、46% 和 4%。

在此基础上，本研究团队还分析了 2023 年不同行业已经获得的不同类型专利。在发明专利中，人工智能、储能和卫星及应用行业的专利数量较多，分别有 32 万余件、27 万余件和 7.4 万余件；在实用新型专利中，储能、人工智能与光电通信行业的专利数量较多，分别有 70 余万件、44 万余件和 18 万余件；而在外观设计专利中，人工智能、卫星及应用、储能产业专利数量较多，分别有 12 万余件、2.6 万余件和 2.1 万余件。

进一步分析比较不同行业新增的不同类型专利，我们发现在 2023 年新获得的发明专利中，氢能、空天技术和类脑智能行业新增专利数量较多，分别新增 1 万余件、2305 件和 1053 件；在新获得的实用新型专利中，氢能、空天技术与类脑智能行业新增专利数量较多，分别有 1.1 万余件、1015 件和 189 件；而在新获得的外观设计专利中，也是氢能、空天技术与类脑智能新增专利数量较多，分别是 981 件、124 件和 58 件。

表 4-2 所示为 2023 年我国未来产业的授权专利增量的行业与类型分布。

表4-2 2023年我国未来产业的授权专利增量的行业与类型分布

行业	发明	实用新型	外观设计
氢能	10098	11937	981
空天技术	2305	1015	124
类脑智能	1053	189	58
人工智能	804	60	112
科学计算	40		
卫星及应用	11	3	
储能	8	3	
光电通信	10	1	
自动驾驶	7		1
量子通信	1	1	

三是未来产业发展的特征。总体来说，通过对未来产业的企业主体分布情况进行总体分析和区域比较，我们发现，无论是存量企业还是新增企业，都表现出了明显的行业与区域聚集现象，企业最多、增长最快的行业集中在人工智能、氢能、空天技术、卫星及应用与储能领域，而在科学计算、量子通信、自动驾驶、光电通信和类脑智能领域的企业却比较罕见，且还没有出现未来预期会增加的趋势。

此外，这些数量最多且增加最快的企业也大量聚集于广东省、北京市、上海市、江苏省和浙江省等一线城市或沿海发达地区；在经济发展水平相对较低的西北、东北和部分西南地区，目前涉及自动驾驶、类脑智能和光电通信领域的企业不仅少且几乎没有新增的趋势。

就我国未来产业当前的创新专利研发情况而言，新获得专利数量在行业间存在巨大的差异，究其原因，虽然在一定程度上缘于不同行业创新发明的门槛和难度水平具有比较悬殊的差距，但却不能因此而忽视不同行业对创新发明的投入问题。

同时，发明类专利的增量占比（50%）明显高于存量占比（31%），实用新型专利的增量占比（46%）则低于存量占比（61%），而外观设计专利的增量占比（4%）也低于其存量占比（8%）。这在一定程度上反映了我国未来产业在创新发明方面的转变：正在逐渐从曾经注重外观设计或实践应用的简单的、象征性的创新，转向更加复杂的、实质性的发明创造。

未来产业发展的问题与建议

一是当前未来产业面临的突出问题。诚然，无论是企业主体还是创新专利，我国的未来产业发展已经取得了 2024 年《政府工作报告》中所说的成绩，未来产业正在有序地布局和发展。然而，其发展现状也存在一些突出问题。

第一，对当前关于未来产业发展的认识尚未统一，这主要体现在对产业边界的界定模糊，以及由此导致的政策主导者和行业参与者的不确定性回避行为。事实上，不同地方政府与行业部门对未来产业的认知和界定都存在显著的差异，这在一定程度上也是导致相关企业的发展状况在地区与行业间出现不均衡问题的重要原因之一。值得关注的是，随着《新产业标准化领航工程实施方案（2023—2035 年）》实施，目前各界正在逐步统一对未来产业的认识。

第二，与传统产业的渐进式创新不同，未来产业是前瞻性、颠覆式的重大创新。然而就创新专利研发的类型来看，虽然实用新型和外观设计创新专利增速在逐渐减缓，但其存量依旧占比很高，实质性的颠覆式创新仍须加强。当然，加强颠覆式创新需要厘清颠覆式技术创新与颠覆式企业创新的区别，二者之间平均存在十年左右的时滞效应，这也为锚定政策空间及企业发展周期带来了很多启发（见图 4-4）。

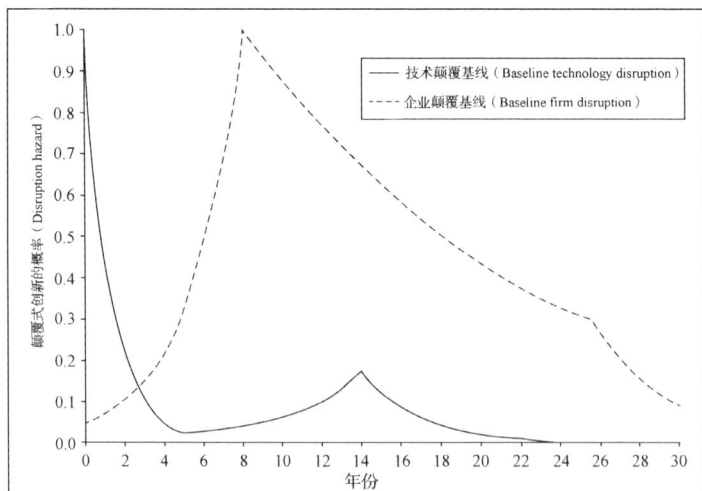

图 4-4　颠覆式创新的时间趋势（技术 vs.企业）

注：年份指引入技术后的年限（Years after introduction）。

第三，未来产业区别于传统产业的另一特征在于非线性要素组合与配置效率，即效率呈指数级增长而非线性累加。然而就要素配置的实际情况来看，当前的未来产业的基础仍然较为薄弱：仅有不到 5% 的企业在"卡脖子"的关键支撑技术上有布局；AI+储能在应用层领先却较少涉及基础层，而其他方面也仍处于较为早期的发展阶段；人才基础不够扎实，产业中的基础研发人员全时当量仅占总量 8.17%；此外还面临国际竞争与封锁加剧和区域科技战愈演愈烈的宏观环境。

二是未来产业发展的对策建议。未来产业发展不外乎产业未来化和未来产业化。前者是指当下的产业面向未来人类和社会需求补足差距、寻找技术路径，后者则是当下对未来可能出现的需求场景进行产业化的基础改造。因此，发展未来产业需要从本质上协调好不同实现路径之间的关系。

第一，依托"数据（新型生产要素）+算法（新型劳动工具）+算力（新型劳动主体）"的方式，推进未来产业认识和布局实现从诊断式预测到预见、科学决策，发现未来产业的演化路径，从而有针对性地开展布局。

第二，把握政策导向的力度和资源配置比例，保证未来产业发展在渐进式创新和颠覆式创新之间的平稳转换与过渡，既要防范过度的、持续的渐进式创新导致产业发展瓶颈迟迟无法突破的问题，又要避免过于激进的颠覆式创新的潜在风险。

第三，大力培养基础研究人才，加大基础研究投入，尤其是优化高校教育的专业设计。

第四，组建国家未来产业发展基金，并引导地方设立未来产业专项资金，发挥政府引导基金的引导性作用，培育市场力量，吸引社会资本参与到未来产业建设之中。从长远看，还是要回归到企业是科技创新的主体上来，让企业更有信心和动力推动未来产业发展。

重振经济活力：
中小企业的角色和政策

陈玉宇

推动中小企业的创立和成长是新质生产力的重要内容。当前我国经济所面临的挑战既有短期冲击的因素，也有长期累积的效应，表现在地方债务风险、房地产市场调整以及制造业企业面临的市场困难等不同方面，这些都对经济政策的制定与执行提出了更高要求。过去二十多年以基础设施建设、房地产市场发展和出口导向的制造业为代表的支持我国长期经济增长的许多根本性力量发生了变化，需要寻找新的动能。应对这些挑战的最有效政策之一，在于出台一揽子政策以激活小企业的创立和成长。

本文从宏观和企业层面出发，深入探讨了我国经济增速放缓的表现与原因，并特别关注了中小企业在当前经济环境下的发展状况和面临的挑战，同时提出了鼓励中小企业创新发展的对策与思路。

我国经济面临的宏观问题与挑战

当前，我国经济面临着一些挑战，这既与短期因素的冲击有关，也受长期累积效应的影响。这些挑战表现在不同方面，对我国经济政策的制定与执行提出了更高的标准和要求。根据各界有共识性的观察，我国经济当前具体面临的挑战包括：新冠肺炎疫情造成的后续影响、地方债务多年扩张导致的困境和化债压力、房地产市场在多年快速扩张后的深刻调整，以及制造业企业面临的市场困难等。

从宏观的角度来看，基础设施建设、房地产市场发展、出口导向的制造业，这些是过去 20 多年增长最快的领域，对我国经济增长和社会经济面貌的改善做出了巨大贡献。然而，近年来，支撑我国长期经济增长的许多根本性力量发生了变化，虽然这些力量在国民经济中仍占有很大比重，但其高歌猛进的高速增长阶段结束了。我们需要寻找新的经济增长动能。

对于我国经济的结构问题，政策研究人士中也存在着争论。例如，围绕过去几十年我国经济很突出的发展模式——高投资率（40%～45%）和着重依赖制造业的模式，一些政策研究专家认为我国应该继续发挥高储蓄、高投资率的优势，继续以制造业推动我国未来的经济增长。另外一些政策研究专家则认为，全球平均投资率是 25%，这意味着我国的超高投资率是不可持续的。通过对国内外需求的观察，可以发现，从长期角度看，仅靠制造业的高速发展是很难激发更大需求的，因此我国国内消费比例偏低的问题需要得到纠正。如今对于后者的观点，越来越多的人表示了认同，我国当前有必要更好地平衡投资率和消费率的关系。

经济增速放缓的宏观层面证据

在改革开放后的 40 余年间，我国取得了约 10% 的年均经济增速，使得人均 GDP（调整通胀后）翻了 20 余倍。在经济产出大幅增长的背后，是我国全要素生产率的迅速提升。根据标准的增长核算方式，人均产出的增长来自物质资本、就业、人力资本，以及全要素生产率的变化。全要素生产率的提升意味着经济效率的提升，这其中包括技术进步带来的效率提升，是整体经济活力的重要体现。

然而，以 2008 年全球金融危机为分界点，我国的人均产出和全要素生产率的增长出现转折。自改革开放至 2008 年全球金融危机的 30 年间（1979—2008 年），我国的全要素生产率的年均增速为 3.1%，贡献了约 40%的人均产出增长。然而，在 2008 年全球金融危机后的十余年间，我国的经济增速开始放缓。从经济增速来看，我国的 GDP 增速从 2007 年的超过 14%，降低至 2019 年的不足 6%。经济增速下降的关键原因还是全要素生产率增速的下滑。世界银行的研究报告显示，相比于 2008 年全球金融危机前的 10 年，中国 2009—2018 年的全要素生产率年均增速已由 2.8%下降至 0.7%。相应地，在此期间，全要素生产率的增长对人均产出增长的贡献率，也由全球金融危机前 10 年的约 30%降至危机后 10 年的约 15%，与此同时，物质资本的积累对中国人均产出增长的贡献率接近 80%。这一结论也获得了其他研究的支持。根据国际货币基金组织的研究，我国的全要素生产率增速由 2003—2011 年的年均 3.5%降低到 2011—2019 年的年均 0.9%。数据库大师德维特（Dewilt）等人利用其他的数据库，在考虑土地投入等因素后，重新计算了中国的全要素生产率增速，也发现了类似的趋势：在 21 世纪的头 10 年，中国全要素生产率年均增速达到了 2.68%；而在第 2 个 10 年，全要素生产率年均增速已降至 0.86%。这些结论表明，2008 年全球金融危机后，中国全要素生产率增速放缓已是学术界和政策研究界的共识。

经济增速放缓的企业层面证据与中小企业发展

如果说大企业是经济的骨架，那么中小企业就是经济的血肉。造成全要素生产率增速下降的原因很多，而中小企业的发展不理想是关键点。

中小企业的快速发展曾为我国经济的增长提供了重要动能。根据增长核算框架，整体的全要素生产率增长可以分解为两个来源：一是通过现有企业的内部改进（创新或采用更高效的技术提高企业内部的生产效率）；二是在企业之间重新配置资源，可以通过在现有企业之间（向高生产力企业）重新分配资源，也可以通过企业的进入和退出重新分配资源。从整体来看，相比于大企业，"年轻"的中小企业在平均生产率上更占优势，因此其自身的成长状况、资源分配情况，对整体的经济增长有重要影响。多伦多大学经济学教授勃兰特（Loren Brandt）等人的研究显示，在 21 世纪的头 10 年，我国民营中小企业的大量创立和快速成长，构成了整体经济增长的重要驱动因素。

然而，2008 年全球金融危机后，我国中小企业的生存和发展遇到困难，其对整体经济增长的贡献也不断下降。这一困难具体表现为中小企业的规模、成长速度下降，在资源配置上也面临一定程度的限制。如果将中小企业粗略分为两类：一类是面向民生服务的；另一类是进行各种创新和探索的，那么它们的发展状况都与我国经济发展的水平不相匹配。

基于微观企业调查数据，塞尔代罗和鲁安发现我国的中小企业在 2008 年全球金融危机后发展明显受阻。

第一，我国中小企业的营收占比大幅下降。"年轻"的中小企业占制造业总销售额的比例，从 2003—2004 年的 70%，降低到 2017—2018 年的 30%，类似的现象同样发生在服务业中。这意味着我国经济增长的动力从过去"年轻"企业的创立与成长，转向如今在位企业的成长，这是我国经济增速放缓的一个具体表现。

第二，我国中小企业成长的相对速度大幅下降。以 3 年期的收入增长速度为例，2011—2018 年，我国"年轻"企业相比于"年迈"企业的相对增速大幅降低。这一现象源于企业在研发、流程效率、质量改进或其他无形投入方面的投资减少，而其背后则可能是企业在这些投资上面临某些资源扭曲的阻碍。

第三，从企业间资源分配的角度来看，相比于大企业，中小企业在 2008 年全球金融危机后受到了更严重的资金约束，导致自身的成长备受阻碍。尽管从单位资本的平均收益来看，近年来中小企业的表现要比大企业好得多，然而由于金融摩擦等原因，资金并未有效分配到这些中小企业中，使得它们无法快速积累资本，达到最佳规模。相反，那些"年迈"的、生产力较低的企业却获得了更多的资金支持。这一问题在近年来愈发严峻，中小企业的产出增长带来的资本增长明显放慢，这表明随着时间的推移，跨企业的资本配置过程，特别是将资金从"年迈"企业调向"年轻"企业的过程已经减弱，资源错配带来的效率损失愈发严重。

"年轻"企业一定程度上更勇于创新和探索，因此构建对于"年轻"企业友好的生存环境非常重要。目前，在中小企业面对的商业环境、隐形财务和交易成本方面，我们需要进一步改善，尤其是要破解大企业（既包括大型的国有企业，也包括大型民营企业）对中小企业的不公平竞争问题。在后文中，我们将对我国中小企业发展面临的问题进行进一步分析，并提出相应的政策建议，希望能改善中小企业的发展困难。

数字经济时代的中小企业

数字经济作为快速增长且潜力巨大的时代前沿，中小企业在这个领域的发展状况如何呢？让我们先看一下数字化的整体影响。根据土耳其经济学家阿克吉特（Ufuk Akcigit）的研究，数字化可能加强了大企业的市场势力，尤其在科技领域。同时，中国企业创新创业调查（ESIEC）的数据显示，中小企业的各项数字化技术（如互联网平台、电子商务、数据电子化保存、专业商业软件、云服务和工业机器人）采用率均低于大企业的采用率。

在我国的数字经济领域，中小企业相对式微，其进入和成长速度都比较缓慢。在此，我们以移动应用（APP）产业的发展状况为例进行分析。APP 产业是数字经济的重要组成部分。根据中国信息通信研究院的测算，2019 年我国 APP 相关企业收入总和超过万亿元，产业总经济贡献近 3 万亿元，带动了数百万人的就业。然而，在该领域内，中小企业的发展状况却不容乐观。一个很直观的现象是，在我国下载量最大的 APP 榜单中，几乎全部是人们耳熟能详的大型企业，难以发现中小企业开发者的身影。

更进一步，基于我国下载量排名前五万的 APP 的数据，我们发现，近年来我国 APP 产业内，中小企业开发者的进入放缓，由中小企业开发的 APP 数量占比逐渐减少，其市场份额也相对较低。具体而言，2018 年，在我国新进入市场的 APP 开发者中，有超过 60% 是中小企业（注册资本在 500 万元以下），而这一数字在 2022 年年底降低到不足 40%。与此同时，在新开发的 APP 中，开发者为中小企业的 APP 数量占比由 2018 年的超过 50%，腰斩到 2022 年年底的不足 25%。如果以下载量衡量市场份额，我们发现由中小企业开发的 APP 的整体市场份额已低于 20%。

此外，在数字经济时代，由于人们对于数据隐私问题的担忧，以及与数据隐私保护相关政策的出台，中小企业的发展面临新的难题。同样以 APP 产业为例，人们在使用下载量低、中小开发者的 APP 时，对数据隐私问题更为担忧，从而可能减少对其的使用，导致其市场份额进一步下降。从政策角度来看，德国学者扬森（Rebecca Jansen）等人研究发现，针对用户的数据隐私保护政策，如欧盟实施的《通用数据保护条例》，严重阻碍了新 APP 和开发者进入市场，尤其使中小型开发者陷入困境。不仅如此，由于中小企业在数据收集、储备和分析能力等方面相对较弱，其在开发 APP 等数字产品方面，相比大企业也往往处于劣势。

中小企业发展较弱的现象，在人工智能、大健康产业等未来发展潜力巨大的领域中也同样存在。例如，相关报告显示，我国的人工智能软件市场排名前五的企业均为知名互联网巨头，且该市场高度集中，比如在计算机视觉人工智能市场，排名前五的企业占据了 94.5% 的市场份额，而这一数字在语音语义市场更是高达 97.8%（IDC 发布的《中国人工智能软件 2022 年市场份额》）。

如何促进中小企业在这些新兴前沿领域内更好地发展，是当前各界都应该重视的议题。

经济理论分析与政策建议

一是市场势力。近年来，全球多个国家都出现了大企业市场势力增强的情况。少数企业的力量过强，可能会阻碍新兴中小企业的崛起，扼杀创新并抑制投资，降低经济活力，拖累经济增长。

从理论分析来看，企业的市场势力越强，意味着它们越容易通过提高价格和减少产量来增加利润，这会导致企业减少资本需求和投资活动，进而阻碍经济的持续增长。与此同时，当大企业（通过并购等方式）增强其领先地位时，不仅会抑制中小企业在研发等方面的投资激励，还会阻碍潜在的新企业进入。此外，由于市场竞争压力的下降，这些大企业也会降低自己的创新力度，进一步放缓经济增速。

阿克吉特等人指出，发达经济体的市场势力自 1980 年以来开始增加，尤其是在科技和医药行业。市场势力增强的一个表现是市场集中度的提高。实证分析发现，当国家或行业层面的市场集中度越高时，新公司的进入速度越慢，快速增长的公司数量越少，"年轻"企业对总产出增长的贡献度也越低。不仅如此，市场势力的增加也导致了劳动收入份额下降、资本收入份额上升，加剧了收入不平等。

国际货币基金组织（IMF）的研究报告显示，如果市场势力保持在 2000 年的较低水平，那么如今美国的 GDP 将增加约 1%。显然，打破市场势力对于美国经济具有重要意义，对于当前的中国来说其实也同样如此。近年来，我国也出现了市场势力增强的现象，大企业的优势市场地位逐渐在本行业中形成了一种阻碍，使得中小企业的进入与成长愈发困难。塑造对于中小企业更为公平的竞争环境，对于增强整体经济活力有着重要意义。

二是国有企业。国有企业作为我国经济的重要组成部分，对于整体经济活力的变化有着关键性的影响。自 20 世纪末开始，我国针对国有企业进行了一系列改革措施，包括增加企业自主权、引入竞争机制、所有制改革等，辅以相关立法，力图构建一个多元所有制的商业框架。这一系列改革对我国的经济发展产生了重要的积极作用。已有研究表明，在国有企业改革后，国有企业的全要素生产率、资本和劳动回报率都显著上升，尤其是在最终产品和高科技部门。

尽管我国的国有企业改革已经取得了一定成效，但直到近年来，国企的平均生产率仍然落后于民企。不仅如此，国有企业在政府补贴、税收优惠、信贷和土地等方面享受的优先地位，一定程度上也限制了民营中小企业的发展，三个方面的实证结果为此提供了证据。第一，从企业进入的角度来看，国有企业扎堆的地区，新创立的企业数量偏少。第二，在国有企业份额占比更高的地区，中小企业的成长不快。以营收增长为例，所在省份的国企资产份额占比每高 10%，"年轻"企业 3 年期的营收增长率会降低 3.5%（相比于平均值 17.5%）。第三，在国企占比更高的省份，企业间的资金配置效率不高，这使得中小企业获得相应的资金支持比较困难，该现象在 2008 年全球金融危机后尤为严重。考虑到国有企业仍在维持宏观经济与整体社会稳定、公共基础设施投资和欠发达地区帮扶等方面发挥着极其重要的作用，所以政策需要平衡好国企和民企之间的发展，在发挥国企优势的同时，一定程度上保障了民营中小企业的良好发展，避免损伤经济活力。

三是社会资本。在经济增长和企业发展的投入方面，除了物质资本和人力资本，社会资本同样不可或缺。社会资本作为一种无形资本，源自于人与人之间的关系网络，它为企业家提供了可以获得人力资本和物质资本的途径，对企业的成立与发展至关重要。

信任作为重要的社会资本，通过降低交易成本、促进合作等机制，在企业乃至整体的经济增长中发挥着重要作用。研究发现，信任对于企业的生产率、投资、组织结构等存在积极影响。然而，世界价值观调查（World Value Survey）的数据显示，自 20 世纪 80 年代开始，在美国以及其他发达经济体中，以信任为代表的社会资本流失严重，并对经济活力造成了损害。据该调查，我国居民的总体信任度在近 30 年间呈现了先下降后上升的态势：1990 年有超过 60% 的受访者认为"大多数人可以信任"，而这一数据在 2007 年一度跌至 50% 左右，直到 2018 年再次回升超过 60%。然而，相对而言，我国居民对于陌生人的信任度在 2007 年之后没有显著提升，仍存在潜在的提升空间。

如何强化信任这一社会资本，对于当前我国的企业发展和经济活力仍十分重要。研究表明，不平等程度的上升是造成信任度下降的重要原因，比如，在解释美国信任度下降的各因素中，收入差距增大所占比重高达 44%。置身于全球化浪潮之中，我国也面临着类似的考验。改革开放以来，我国创造了世界经济史上的增长奇迹。与此同时，我国也曾出现过收入差距快速扩大的局面。自 20 世纪 90 年代末开始，我国的基尼系数不断上升，2008 年左右该指标曾高达 0.49，2022 年基尼系数回落至 0.47 左右。尽管近十多年来我国基尼系数整体稳中有降，保持缩小趋势，但始终维持在 0.4 的警戒线以上，并且我国的财富不平等状况也不容忽视。

四是企业家精神。这对于经济发展至关重要。保护企业家精神，让企业家敢于创新、善于创新，需要保障企业家对于未来的信心，以及强化他们在面对挑战时的韧性。相关调查显示，尽管企业家群体的信心与韧性仍高于其他群体，但在 2020 年后也有所下降。《中国小微经营者调查 2023 年四季度报告》显示，2024 年第一季度中，小微经营者的整体信心有所下降，尤其是在市场需求和营业收入方面；长江商学院《中国企业家韧性指数报告（2020—2023 年）》显示，2023 年企业家群体的"韧性"（以抗压能力、专注能力和情绪处理能力三个维度衡量）较 2020 年有所下降，需要约 7 年的时间来恢复。后续如何更好地提振企业家信心、弘扬企业家精神，从而促进他们的创新与创业，这些都是值得关注和解决的问题。

五是金融摩擦。我国企业之间存在严重的资源错配问题，而其背后的一个重要原因就是金融摩擦。资源错配会影响经济活力，这已经是学术界的共识。比如，美国经济学家谢长泰（Chang Tai Hsieh）和克伦诺（Pete Klenow）通过研究我国工业企业调查数据发现，如果消除资源错配，我国的制造业全要素生产率可以提高 30%～50%；勃兰特等人同样发现，资源错配会拖累我国全要素生产率的增速。相关研究表明，我国的资源错配以及其带来的全要素生产率上的损失，很大程度上可以由金融摩擦来解释。作为进行资本要素配置的核心枢纽，金融部门的运转情况直接影响其他经济部门的生存和发展，而当金融部门面临扭曲、存在金融摩擦时，就会使得资金无法流向回报率更高的企业，从而导致在位企业之间的资源错配，同时还会阻碍企业的正常进入和退出，损害其经济活力。

从我国的统计数据来看，尽管中小企业的平均生产率和资本回报率很高，但由于金融摩擦的存在，它们并未获得足够的资金支持，获得应有的成长和发展。例如，有学者分析了我国企业的融资特征，发现中小企业在融资方面十分困难。从数据来看，相比于国有企业而言，民营企业的杠杆率整体较低，且获得资金的成本更高；在民营企业内部，相比大企业，中小企业的杠杆率更低，资金成本更高。在这样的金融摩擦下，高生产率的民营中小企业无法获得有效的外部融资，使得企业的创立、投资、储蓄等各方面行为都受到负面影响，也导致企业自身的发展严重受限，同时带来了严重的全要素生产率损失。

直到近些年，金融摩擦仍然是限制我国中小企业成长的重要因素。2017—2018 年的企业数据表明，年轻且效率较高的中小企业仍然面临严峻的资金约束，使得它们的资本很难快速达到最佳规模。因此，降低金融摩擦，促进资源配置效率的提高，对于中小企业的发展以及提升整体经济的活力都至关重要。

六是政策建议。中小企业是创造就业的主力军，是促成技术和知识扩散、提升生产效率的重要力量，是广泛增加民众收入的重要力量。在当前围绕我国经济的争论中，有一个最大的公约数——无论是从短期看还是长期看，都需要出台系统的政策以促进中小企业的创立和成长。从短期来看，经济政策的核心目标是提振总需求，而实现这个目标的重要抓手之一正是中小企业；从长期来看，为了促进我国长期的经济增长，鼓励并推动科技创新，相关政策也应该向中小企业倾斜。

具体而言，面对当前我国经济出现的问题与挑战，需要出台一揽子政策，促进中小企业发展，增强中小企业活力。

第一，短期内应该对各行业的中小企业进行深入调研，摸清家底，然后根据宏观政策需求，对中小企业给予全面的、大力度的支持。及时推出早被证明"行之有效"的政策。例如，对小企业实施税收减免，对生产环节的税收实施先征后退；对于创新探索的中小企业，要给予"真金白银"的支持。值得注意的是，这些政策短期内也有利于增加大众收入、扩大总需求。

第二，对于中小企业的创立和发展，应当进行新的政策实验和探索。例如，打造对于中小企业创立和发展更友好的制度环境，清理规章制度的繁文缛节。根据前文的分析，这些年来中小企业成长性不足，跟资本市场的发展息息相关，因此需要继续加大专注于中小企业的基金规模支持，创新中小企业基金的运营模式。

第三，需要发挥市场的决定性作用，同时更好地发挥有为政府的作用。一般来说，那些能在当下创造财政收入的大企业，肯定更容易受到地方政府的重视，但地方政府也一定要有平衡"眼前与长远"的意识，加大对中小企业的支持力度。这需要增加与中小企业有关的指标考察内容，如可以考虑将中小企业、年轻企业的发展增速与其在地方经济中的比例作为结构性指标考核，激发地方政府的积极性，进而开创我国经济的新局面。

第四，应鼓励中小企业在全球化环境下参与竞争，加大中外交流和相互之间的借鉴学习。我国企业的全球化既是我国经济发展阶段变化的要求，也是我国企业应对当前全球产业链变化所必须采取的行动方针。我们既要欢迎其他国家到我国来投资兴业，也要鼓励自己的民营企业到其他国家去投资设厂。高水平的对外开放既会增强我国企业的信心，也会增强世界其他国家投资我国的信心。

第三部分

培育经济深层动能，加快数字与绿色经济发展

用全国统一大市场推动"人工智能+"发展

张　影

随着"人工智能+"成为新质生产力的关键引擎，我国人工智能市场已经从"技术导向"迈向"价值导向"阶段。要想推进"人工智能+"的下一步行动，我们一方面要充分考虑"人工智能+"应用的影响因素；另一方面要有序实现人工智能技术赋能重点领域；此外，还需要把握技术突破与应用发展的平衡，以及关注市场的实际需求和商业环境，从而推进其健康有序的发展。

值得注意的是，人工智能和产业结合的发展是一个长期过程，需要持续的投入和耐心。技术方面，需尊重人工智能技术发展的客观规律，循序渐进地拓展应用场景，避免对技术抱有过高预期，防止"一窝蜂""炒概念"等乱象分散发展合力；应用方面，科研人员需要与企业紧密合作，确保技术成果能够快速应用于解决现实世界的问题；市场方面，政府采购可以作为初期支持，但真正的测试是在广阔的市场中，这要求人工智能产品和服务不仅要技术先进，还要满足用户的实际需求，价格合理。

我国人工智能市场已从"技术导向"迈向"价值导向"阶段

大语言模型刚兴起时，国内企业就开启了"百模大战"，互相比拼模型参数，从而催生了诸如 1000 亿参数甚至万亿参数的模型。然而，随着大语言模型及生成式 AI 的发展，人工智能已经开启了下半场，即从技术导向到价值导向，寻求变现空间。

这个时候谈落地，是有一定产业融合基础的。毕竟过去几年，在人工智能技术取得巨大突破的同时，它已经开始逐渐渗透到金融、医疗、制造业、交通运输、教育、零售和电子商务等行业，并对传统的工作流程、决策模式乃至行业生态产生深远影响。尝到甜头后，无论是头部厂商还是初创公司，在喊出发展"人工智能+"的口号时，它们一定是以应用为导向的。

以"人工智能+制造业"为例，今天的中国处在一个"三明治"时代，向上有"卡脖子"技术，向下有来自泰国、越南、菲律宾等地的廉价劳动力，无论是从劳动力成本，还是从价值曲线的角度看，这都是一种"夹心饼干"的状态。

在这种状态下，如何在价值链上获取更多的份额呢？与人工智能结合就是可参考路径之一。将制造业分成三个阶段：专利/

技术的研发，生产制造环节，品牌塑造和后续服务。在专利和核心技术的研发环节，深度学习、大语言模型是可以使用的人工智能应用，落地场景为 EDA、CAE、CAD 等研发设计软件。

在生产制造环节，自然语言处理、深度学习、大语言模型可以派上用场，落地场景可以是产品缺陷检测、产品质量分析、生产线监控分析等。到了品牌服务环节，涉及的人工智能技术差别其实不大，仍是自然语言处理、深度学习、大语言模型，落地场景则变成了销售营销、客户服务、供应链及物流管理。

同样的人工智能应用和技术，落到不同细分领域，场景就千差万别。找到多样化应用场景，其实与技术突破一样重要。先进技术的迭代在短期内会成为大厂"秀肌肉"的"军备竞赛"，但在全民人工智能时代，这样的迭代难以长久维系，最终会因缺乏内化动力而逐渐放缓。只有在人工智能商用市场的支持下，先进技术才能获得真实的发展。

探寻"人工智能+"的多样化场景，其实也是有迹可循的：围绕高端、高效智能经济的培育打造重大场景；围绕安全、便捷、智能社会的建设打造重大场景；围绕高水平科研活动打造重大场景；围绕国家重大活动和重大工程打造重大场景。

如通过机器视觉、知识图谱、深度学习等人工智能技术，可模拟医疗专家思维，推理诊断，帮助医生定位病情，辅助做出诊断，形成医疗影像智能分析场景；通过深度学习、机器学习等技术，可实现图片、视频等图像资料训练，由此衍生出人脸识别、语音识别、指纹识别场景。再如，通过机器学习，基于门店的历史销售数据，可以精准地对未来销售进行预测，为经营管理者提供更准确的决策分析，形成零售预测场景。

总而言之，找准落地场景是发挥人工智能实践价值的重要前提。人工智能既可以通过日渐活跃的应用创新体系显现出巨大的业务价值，同时也能够显著提升应用软件自身的开发和部署效率，提升已部署应用的准确度。

解变现之困，走中国特色大语言模型发展之路

人工智能的大蓝图里，还有一个产业也到了亟须变现的时候——大语言模型产业。虽然不同企业之间采用的生成式 AI 策略各有不同，但对于头部互联网企业和大语言模型公司来说，2024 年它们面临的最大挑战就是落地和变现。

"百模大战"初期，几十亿美元只能保证"上桌"，大语言模型的"烧钱"速度众所周知，训练一个大语言模型至少需要几个月的时间。从网络基础设施来说，开发大语言模型的网络具有瞬

时并发的特征，网络流量存在脉冲式尖峰。或许平均网络流量并不大，平均带宽占用率也并不高，但由于在某一瞬间流量会出现峰值，从而很容易导致网络系统拥塞。网络拥塞到一定程度，数据包就会丢失，而数据包一旦丢失，此前的数据就将全部泡汤。一方面，研发大语言模型的投入之大，是很多企业难以承受的。另一方面，即便是少数能通过国家备案的大语言模型，它们也还没找到可复制的成功盈利模式。

除了成本和商业价值限制，国内大语言模型企业无法如国际巨头一般"卷"参数，还有一个更现实的原因：算力资源参差不齐。高端算力的首选芯片受限，"特供版"芯片性能骤降，食之无味。眼下，无数企业都对外标榜自己在钻研大语言模型，但做大语言模型的基础算力大约需要 10000 块最先进的芯片，国内能达到这一储备量的企业可谓凤毛麟角。

退一步讲，我们也可以喊出技术突破的口号，但这行的参与者，在未来人工智能加速普及的背景下，一定是自负盈亏的企业。对这些企业来说，考虑接入人工智能时只有一个标准：它（人工智能）能否帮企业降低成本、提高销量和效率？一旦这个底线无法突破，即便再先进的技术，其商业价值也得不到认可，企业也不会接受。

因此，找到技术与场景的结合点既是长期发展目标，也是人工智能普及过程当中最难的一环。在国内所有的商业环境中，只有能带来经济效益、提升效率的技术才有可能得到广泛的应用。"卷"技术，一味致力于追赶国外大语言模型及人工智能发展水平，这是不现实的。

那国内企业该怎么做？很简单，我们有数据。无论这些数据是来自社交软件还是支付软件，它们都能与消费联系起来。虽然拥有消费相关数据的企业很多，但在生产这类数据方面，我国企业的优势一定是非常显著的。

在这一路线下，国内企业不仅要与 OpenAI 比谁的大语言模型跑得快，更要在海量大模型、中模型、小模型并存的情况下将其与产业适配，让产业数据活起来，用起来。因此，"中国特色大语言模型发展之路"其实是尽快将其嵌入业务流程、商品功能的环节，使需求能以垂直化、产业化的方式落地，进而助力加快形成新质生产力。这是一条和国外大语言模型完全不同的路。

目前来看，影响人工智能应用的因素有三个：商业、技术、产业。

从商业角度看，为了人工智能技术的健康发展，创造有利于技术创新和商业应用的市场环境至关重要。

从技术角度看，人工智能擅长管理广泛的数据资产和知识沉淀，因此在一些先发场景中具备确定性的优势。其中，知识管理场景是人工智能目前最受组织青睐的应用场景，如搜索、地图、数字人、智能对话以及业务流程优化等；数字化则是人工智能发展的基础和前提，未来仍然需要大力加强。

从产业角度看，人工智能的泛化能力为企业提供了更多在生产优化与创新路径方面的选择。人工智能最先被应用在与企业运行密切相关的显性业务中，其中以设计、开发、生产、运营和办公等场景化应用最为典型。

市场应替代政府采购，
成为检验人工智能发展的最终标准

相关数据显示，人工智能已经渗透到商业领域的多个方面，成为令众多商业领袖瞩目的革新驱动力。尽管实际在人工智能应用上取得显著成果的企业仅有十分之一，仍属少数；但不少企业领袖预判，人工智能将重塑行业规则。

国内人工智能企业在找准了落地方向后，还要避免急功近利和蜂拥而上。要尊重人工智能技术发展的客观规律，循序渐进地拓展应用场景，防止"一窝蜂""炒概念"等乱象分散发展合力，浪费创新资源。要避免对人工智能技术抱有过高的预期，过高的期望只会让投资进入后因看不到收益而失去耐心。

同时，产业和从业人士还要把握好技术突破与应用发展的平衡。技术突破是人工智能领域发展的基石，但若这些突破不能转化为实际应用，它们的价值就会大打折扣。因此，科研人员须与企业紧密合作，确保技术成果能够快速应用于解决现实世界的问题。这不仅促进了技术的实际使用，也为进一步的技术研发提供了反馈渠道。

市场的实际需求和商业环境也值得关注。市场机制仍然是有效评估一项技术或一种产品的实际价值的黄金标准，政府采购可以作为初期支持，但真正的"试金石"还是广阔的市场。以满足场景需求为第一驱动力，是终端用户构建人工智能能力时的首要原则。

由于顶层设计和基层落实之间存在巨大落差，人工智能需在发展中确定受众。只有 To B 和 To C 的业务，才能真正拉动有价值的 GDP，To G 是不行的。这就要求人工智能产品和服务不仅要技术先进，还要满足用户的实际需求且价格合理。以满足场景需求为第一驱动力，是终端用户构建人工智能能力时的首要原则。毕竟，企业在考虑是否运用人工智能时，首先想到的是如何通过这些技术更快地为企业带来价值，其次才是生成内容和结果的准确性、所在领域的经验积累、供应商如何使用数据等。

来自市场的需求是多样化的。当前,我国人工智能产业已经进入快速发展期。中国信息通信研究院公布的数据显示,2022年,我国人工智能核心产业规模达5080亿元,同比增长18%;2023年其规模达到5784亿元,增速为13.9%。以最具代表性的人工智能技术——生成式AI为例,自2022年年底,GhatGPT出现以来,与之相关的新应用场景不断出现。从 RAG(检索增强生成)开始,包括 Copilot,无论是写代码的 Copilot,还是个人计算机的 Copilot,即使只是充当一些类似于智能体的使用工具,都要使用规划的机制来构建,这无疑激发了更多生成式 AI 应用场景的落地。

例如,对大语言模型来说,知识增强是一个非常重要的应用场景,用 RAG 技术可以很好地去做知识增强,但也不是只有 RAG 可以做知识增强。

此外,还有更为典型的例子,如脑机接口。随着人工智能的飞速发展,产业界对创新器械的审评、审判的呼吁可能会越来越多。也许在未来的 5~10 年就能看到,"用人工智能模拟人"和"用脑机接口解码人脑"的交会发展,从而让碳基生命和硅基生命真正实现融合。

一旦市场能成为检验人工智能发展的最终标准,新一轮的"优胜劣汰"和"劣币驱逐良币"也会随之开启。由于尚未出现大语言模型或其余人工智能的规模化盈利现象，所以要论证这一点，可从率先受益的底层算力供给方来看。

在全球市场上，英伟达是提供不可替代的人工智能芯片的龙头，其股价这几年一翻再翻。在国内，虽然国产人工智能芯片尚在起步阶段，但算力租赁企业仅凭与人工智能概念有一定关系，也实现了股价飞跃。然而，风口之上抬升股价不是难事，保持长久的稳定和持续性增长却很难。随着算力租赁概念股被追捧，也出现了诸如"高新停止重组""安奈儿不收购""鸿博股份业绩变脸""恒林股份终止购买"等事件，这一领域亟须重新评估现行的商业模式和价值。

切实提升消费者收入是
人工智能发展中一只看不见的手

提起人工智能就很难绕开生成式 AI。2023 年是属于生成式 AI 和大语言模型的一年，新模型和新应用市场均出现了爆发式增长。然而，生成式 AI 的火爆最早是从消费者端发轫的。2022 年年底时，ChatGPT 是以个人应用程序的形式问世的。此后，企业很快意识到了生成式 AI 的重要性，开始进行规划，并将生成式 AI 融入企业各式各样的商业模式当中。

对一个人工智能开发人员来说，他的工作需要跨越数据中心，从云端到边缘，再到客户端，使用各类人工智能应用是其工作必须经历的环节。对普通用户来说，即便目前没有使用人工智能应用的必要，但人工智能技术已经深刻融入了人类的生活场景中，如手机、计算机等个人终端。消费者是否愿意出钱购买这些人工智能技术或相关产品，这已成为检验技术发展的黄金标准。

消费者的购买力支撑着市场的有效需求。然而，若消费者手中可使用的资金有限，又确实认可人工智能技术的演进或落地产品，这种情况该怎么办？来自政府的财政投入固然重要，但必须完成的一条暗线是：切实提高居民收入，从而扩大市场规模，促进高质量、高价值产品和服务的发展。

在人工智能领域，这意味着更多的个人和企业能够负担起先进技术的应用，进而推动整个行业的发展。

要实现这一目标，可以参考劳动者收入在 GDP 中的占比情况，建立自己的收入倍增计划等。提升消费者收入这条线，我们在讨论技术或是"人工智能+"的时候一般是不会提及的。然而，事实上，如果人们认可市场是黄金标准，那么这条线就是非常重要的。

对于人工智能项目的研究，政府和私营部门的支持对于克服研发和应用中的挑战至关重要。同时，还应当鼓励长期投资和研究，以确保技术能够稳步前进并解决出现的新问题。

人工智能的投入周期与人才竞争也同样值得关注。要赢得人工智能的科技竞争，硬件发展和软件发展需要同步，技术发展需要更多的与技术相匹配的人才。但商业领袖是不理解技术的，工程师也不能充分理解场景。当前高级管理者的技能储备在人工智能领域存在严重缺口，大多数人对其领导团队在人工智能方面的能力缺乏信心。这一现象触发了企业人才结构的连锁反应。为了应对人工智能带来的颠覆性变革，领导者必须迅速采取"适应性"思维方式。

最直接的方式是从外引进。在这一领域，既懂一点技术又懂一些商业的人才是未来最稀缺的资源之一。预计到 2025 年，全国 ICT（信息与通信技术）人才缺口将超过 2000 万人。从人才培养的角度看，人工智能和产业结合的发展是一个长期过程，需要持续的投入和耐心。

要提醒的是，用人单位还要注意到，扩展人工智能团队与保留原有员工之间的平衡。根据调查数据，在一些全球主要经济体的公司中，超半数（66%）企业高级管理者表示会从外部直接招聘人工智能技术人才来应对人工智能技术浪潮，而不是对现有员工进行再培训。只有 34% 的高级管理者表示，会培养现有的员工成为人工智能技术人才。

数据要素与数字经济发展

翁 翁

2023 年 12 月 31 日，国家数据局等 17 个部门联合发布《"数据要素×"三年行动计划（2024—2026 年）》（简称"三年行动计划"）。"三年行动计划"提出，到 2026 年年底，数据产业年均增速超过 20%，数据交易规模增长 1 倍，场内交易规模大幅提升，推动数据要素价值创造的新业态成为经济增长的新动力，数据赋能经济提质增效作用更加凸显，成为培育新质生产力、实现高质量发展的重要驱动力量。

从"互联网+"到"数据要素×"，从新质生产力的视角看，这一主体的转变意味着什么？提出"三年行动计划"的背景是什么？如何理解数据要素的乘数效应？数据要素的发展又需要哪些学术支持？本文试图对这些问题进行回答。

数字经济带来了深刻的商业模式革新

在"互联网+"向"数据要素×"转变的过程中，我国数字经济高速发展。中国互联网络信息中心的报告显示，2019年年底我国互联网普及率达64.5%，手机网民规模达8.97亿，占比99.3%。基于超大规模人口优势，我国头部平台企业迅速发展壮大，成为仅次于美国的平台经济大国。根据中国信息通信研究院数据，截至2019年年底，我国市场价值超10亿美元的平台企业达193家，平台企业总价值达到2.35万亿美元，腾讯和阿里巴巴均跻身于2019年全球上市企业市值排行榜的前十名。

数字经济的高速发展也带来了深刻的商业模式革新，而理解这一新商业模式是释放数字经济新质生产力的关键。虽然不同数字经济平台企业的具体商业模式各有特点，但数字经济商业模式及其核心元素仍可用图7-1概括。在数字经济平台上，消费者的浏览和购买等行为会产生原始数据，而企业将对这些数据进行开发和加工，并通过机器学习等方法建模分析，据此更好地把握市场趋势和开展创新，为消费者提供丰富的个性化产品和服务。与此同时，平台企业可以提高入驻商户和消费者的匹配效率，为个性化服务带来更多的流量和消费行为，进而产生更多的数据，并形成数字经济商业模式流程的正反馈循环。

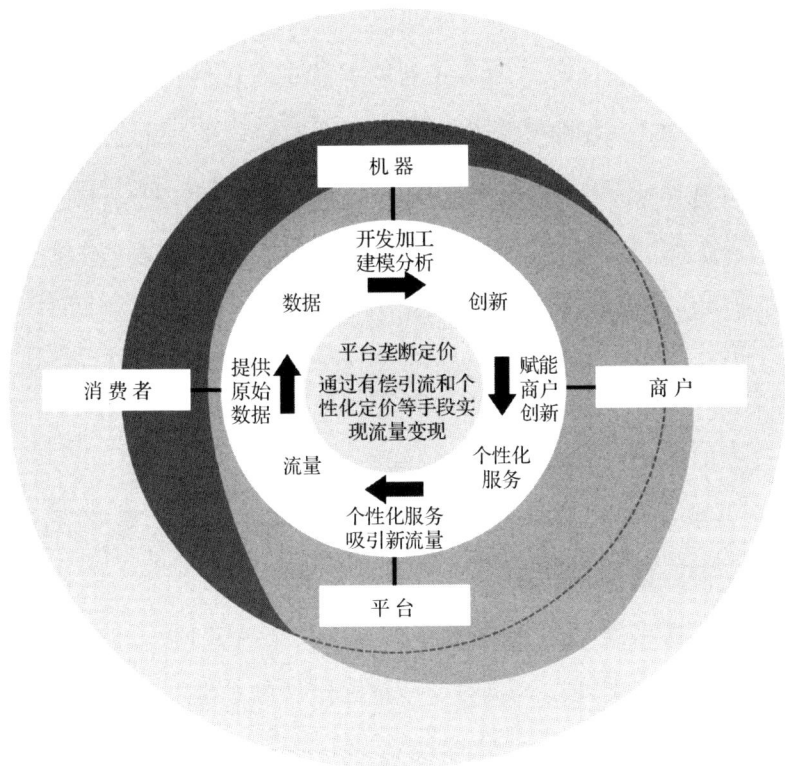

图 7-1　数字经济商业模式及其核心元素

流量是数字经济的基础

数字经济商业模式的核心特点：流量是数字经济发展的基础。流量通常指互联网平台在一段时间内用户的访问量，一般用每日活跃用户数、月度活跃用户数来衡量。数字经济与传统经济的主要区别在于各方对流量的空前重视。产生这种区别的根本原因，主要在于在传统经济中，消费者如果只是访问线下商铺而没有产生购买行为，那么他对企业利润就没有任何贡献。然而，在数字经济中，一方面交叉补贴的商业模式使得平台企业可以直接通过流量变现获取收益，另一方面用户对平台的访问也可以转化为平台企业的数据，从而帮助平台企业优化商业决策，并出现了"得流量者得天下"的说法。

透过流量的重要性，我们会发现一种特殊的稀缺资源，即消费者的时间或注意力。传统经济学理论假定人的注意力是无限的，可以关注到所有与决策有关的因素。然而，数字经济中的商业实践以及越来越多的实证研究表明，决策者的注意力是有限甚至是稀缺的，因此消费者理论和竞争性均衡等微观经济学框架必须做出相应的调整，如越来越多的学者开始关注"理性疏忽"（Rational Inattention）等模型。

流量在数字经济中的特殊作用导致平台企业围绕流量展开了激烈竞争，从而大幅抬升了获客成本，并从根本上决定了未来数字经济的发展空间。从竞争角度来看，在互联网"流量见顶"的压力下，为进一步争夺用户流量，各个平台纷纷开启直播带货。从获客成本的角度来看，根据数科社的统计，如果以市场及销售费用/年度活跃用户来测算获客成本，那么阿里系电商的获客成本已从 2017 年的 43 元/人增长至 2020 年的 81 元/人。日益高企的获客成本被平台企业转嫁给了平台商户，这削弱了数字经济对实体经济的支持作用。

数据是数字经济的核心

在数字经济时代，数据蕴含了巨大的价值，被认为是新的"石油"，是与土地、劳动力、资本、技术并列的五大生产要素之一。数据来自经济活动中，是对现实世界的数字化记录。经过采集、整理和分析后，部分数据可以作为生产产品、提供服务及科技创新等过程中所必需的投入，并据此获得收入或参与交换，这部分数据就被称为数据要素。

数据在现实中被广泛用于训练人工智能模型，进而改善各类决策和行为。2023 年，生成式 AI 和大语言模型的井喷式发展，显然与数据的丰富性、质量提升和多元化紧密相关。得益于大量数据的支持，生成式 AI 已逐渐能够生成高质量的文本、逼真的图像、视频等。随着数据规模的不断增长和数据质量的不断提高，人工智能技术将为各个行业带来更大的价值和更多的创新。

数据规模报酬递增使得数字经济呈现出网络效应、规模经济和范围经济等特点。一方面，少量或者低质量数据可能价值不高，只有聚合的大量数据或者有高质量标注的数据才具有实用价值。另一方面，在开始积累数据的初期，新企业和中小企业的数据增长速度可能较慢，而头部企业的数据增长速度会更快，从而导致企业的数据规模两极分化，这样很不利于市场生态与竞争秩序的健康发展。

创新是数字经济的驱动力

创新是数字经济的重要驱动力，其核心特征是平台企业在大数据、云计算、人工智能、移动通信等数字技术的帮助下，推动模式创新、颠覆传统产业。模式创新通过重新定义产品或服务的生产、交付和获取方式，打破了传统行业的界限，不仅催生了电子商务、共享经济、订阅服务等全新商业模式，还极大拓展了市场的时空边界和组织结构创新，创造了新的市场机会和价值。

一方面，基于大数据的建模分析在创新中扮演了决定性作用；另一方面，以开源平台为例，创新模式正从聚合走向分散合作。聚合的创新模式在地理和资源分布上较为集中，更突出精英和专家的决策作用。然而在面临数据量庞大、参与人员分散、行为不可控等因素时，分散合作模式的效果甚至可以超过聚合模式，因为它可以通过建立协同平台和沟通媒介降低连接成本。分散合作模式要想取得成功，有赖于以下几点：一是开放性，应该开放权限，让更多的人可以参与；二是自我组织，应基于兴趣和长项，让人们自主选择承担的任务，而非强行指派；三是追求去名利化，基于热爱主动做出努力，而不是受对功利追求的驱动；四是注重贡献可证实，可撤销；五是由技术领袖决定技术标准、引领方向。

个性化服务是数字经济的抓手

个性化是数字经济的未来。在虚拟世界中，用户被赋予了前所未有的创造力和自由度，例如元宇宙允许每个用户进行内容生产和对世界进行编辑。这种用户生成内容的能力不仅丰富了元宇宙的多样性，也使得商业活动更加贴合用户的个性化需求，从而为商业模式创新提供了广阔的空间。与此同时，依靠模式创新，平台可以更好地进行个性化精准推荐，满足用户的长尾需求。利用大数据分析和人工智能技术，平台能够深入理解用户的兴趣和行为模式，进而提供定制化的产品和服务。这种精准的个性化推荐不仅提高了用户的满意度和忠诚度，为平台带来了更高的转化率和商业价值，还能够促进厂商的产品创新和质量提升。因此，个性化推荐在很多数字经济平台的商业模式中扮演着重要角色。比如一项基于淘宝的实证研究发现，取消个性化推荐导致交易额下降了 81%。

个性化服务虽然能帮助平台更好地吸引新流量，但也可能产生上瘾、信息茧房、回声室效应等问题。过度个性化的服务可能会导致用户沉浸于单一的信息环境中，从而限制他们的视野和认知。此外，个性化推荐系统可能会不断强化用户的既有偏好，甚至产生依赖性，这些都是个性化服务需要警惕和待解决的问题。

数据要素市场发展的背景和主要内容

综上所述，对于数字经济商业模式来说，笔者认为流量、数据、创新和个性化服务四者都非常重要。过去，在我国数字经济高速发展的过程中，流量是主要的推动力量。然而，在互联网高度普及的"流量见顶"压力下，数字经济平台为争抢流量采取了许多具有不正当竞争性质的经营策略。

与此同时，2020 年，美国人工智能研究公司 OpenAI 异军突起，并于当年 5 月发布了大语言模型 GPT-3。以 ChatGPT 为代表的大语言模型是人工智能历史的分水岭和里程碑事件，在极短时间内 GPT-3 便席卷全球。与此同时，我国数字经济平台企业却投入大量资源进行短期流量竞争，并忽略了对中长期所需技术的投入与创新探索。这也导致 2021 年 2 月以来我国头部平台企业的市值大幅下滑，中美头部平台市值的差距急剧扩大。

发展数据要素市场是数字经济高质量发展的核心引擎

基于上述背景，我们认为数据和创新将在未来我国数字经济的高质量发展中发挥更加重要的作用。2019 年 11 月 26 日，中央全面深化改革委员会第十一次会议审议通过了《关于构建更加完善的要素市场化配置体制机制的意见》，该意见首次提出要培育数据要素市场，这也是在全球范围内首次提出数据要素这一概念。2022 年，《中共中央 国务院关于构建数据基础制度更好发挥数据要素作用的意见》（俗称"数据二十条"）发布，该文件也被视为数据要素市场发展的纲领性文件。

当下，以大数据、人工智能为代表的信息技术迅猛发展，并掀起了新一轮的技术与商业革命。基于人工智能技术的发展，平台经济领域中的元宇宙、自动驾驶、数字人直播等新产业、新业态、新模式出现爆发式增长的态势，进而成为推动我国经济高质量发展的新质生产力。以电商平台为例，通过运用云计算、人工智能大语言模型等数字技术，平台企业可以整合产业链资源、优化价值链，从而降低企业运营成本，提高企业运营质量和效率，按需调整生产活动，实现整个产业的运营协同，形成连接企业内部生产单元和企业外部合作伙伴的数字生产网络，为客户创造更优体验和更大价值。

数字技术的快速发展带动了数据量爆发式增长和快速集聚，

并使得数据日益成为重要战略资源和新生产要素。作为一种新型生产要素，数据具有搜索成本极低、复制成本基本为零、传输成本极低、非排他性等特征。因此，在当下的数字经济中，已不能再孤立地看待数据要素和人工智能，而是应该将其视为一个铁三角闭环的一部分，该铁三角由数实融合、数据要素和人工智能构成（见图 7-2）。在这个闭环中，数实融合产生了数据要素，这些数据要素可以用于训练很多人工智能大语言模型，而这些大语言模型又能进一步赋能数实融合的发展。从这一角度看，数据要素市场日益成为我国未来数字经济高质量发展的核心引擎。

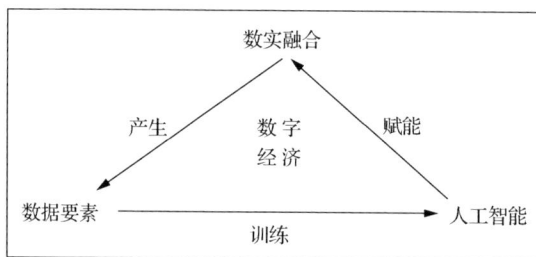

图 7-2　数实融合、数据要素和人工智能关系示意图

在关键节点行业形成示范效应，是发展数据要素市场的破局点

数据要素这个概念属于全球首创，因此我国在发展数据要素市场方面完全是摸着石头过河，没有任何的成熟经验可以借鉴。如何快速破局？我们认为需要在经济中的关键节点行业和领域充分发挥数据要素乘数效应，形成示范效应，从而带动其他行业

和领域的数据要素市场建设。在这种情况下，国家数据局会同中央网信办等多部门联合印发的《"数据要素×"三年行动计划（2024—2026 年）》（简称"三年行动计划"）正是推动数据要素市场破局的纲领性文件。

"三年行动计划"聚焦工业制造、现代农业、商贸流通、交通运输、金融服务、科技创新、文化旅游、医疗健康、应急管理、气象服务、城市治理、绿色低碳 12 个行业和领域，着力于充分发挥数据要素的乘数效应，释放数据要素价值。"三年行动计划"的目标是，到 2026 年年底，打造 300 个以上示范性强、显示度高、带动性广的典型应用场景，涌现出一批成效显著的数据要素应用示范地区。同时，数据产业年均增速超过 20%，数据交易规模翻倍，推动数据要素价值创造的新业态成为经济增长新动力。

在许多领域，数据要素的开发利用现在仍处于摸索阶段。未来应坚持以市场为导向、以场景应用为牵引，引导广大市场主体丰富数据应用场景，在智能制造、智慧农业等重点领域，要按照鼓励创新原则，留足发展空间，同时坚守数据安全底线，不能简单"一刀切"或放任不管。对看得准、有发展前景的数据开发利用场景，要引导其健康规范发展；对一时看不准的，设置一定的"观察期"，对出现的问题及时引导或处置。

发展数据要素市场的关键在于发挥数据要素的乘数效应

"三年行动计划"中多处强调了要发挥数据要素的乘数效应。理论上，数据要素的乘数效应具体体现在以下三个方面。

"乘"要素方面。 数据可以在生产函数中直接作用于劳动、资本、技术等传统生产要素，通过改善微观主体的决策效率提高全要素生产率。比如对于劳动者而言，数据可以通过灌输更先进的知识和技术，提升人力资源素质，提高劳动生产效率；对于资本而言，数据可以通过辅助投融资决策，更精准地服务实体经济；对于技术而言，数据可以通过促进先进技术的传播扩散，提升全社会的生产力水平。

"乘"场景方面。 与传统生产要素不同，数据具有非竞争性且可以无限复制、重复使用。以气象数据为例。它既可以应用于绿色低碳，通过优化新能源企业决策实现降本增效；又可以应用于应急管理，通过智能决策降低极端天气事件的不利影响；还可以用于设计天气指数保险、天气衍生品等创新性金融服务。这意味着数据可以通过多场景复用最大限度地释放其价值。

"乘"数据方面。 数据要素规模报酬递增的特性意味着通过数据的多源融合可以产生"1+1>2"的效果。以 OpenAI 公司研发的 ChatGPT 为例。在初始的 GPT-1 和 GPT-2 阶段，OpenAI 使用的训练数据量分别为 5GB 和 40GB，效果非常一般。然而，到 GPT-3 时，训练数据量达到了 45TB（约为 GPT-2 的 1000 倍），模型的生成效果实现了跨越式提升。这充分说明"量变引发质变"，大规模数据融合能够创造新的信息和知识。

流通使用是数据在不同行业发挥千姿百态的乘数效应的核心。一方面，无论数据是与何种事物相乘，它都必须流通起来才能创造出更大价值。另一方面，通过流通使用可以鼓励市场主体逐步探索和完善数据定价体系，用市场化的手段合理评估和量化数据的经济贡献，这有助于进一步将数据资源提升为数据资产，真正释放其内在价值。数据的流通使用归根到底还是要以实际应用需求为导向，尽可能地挖掘数据价值。

发展数据要素市场亟须学术支持

从"三年行动计划"来看，数据要素市场未来将迎来爆发性增长，而且现在地方政府发展数据要素市场的热情高涨，有"数据将成为未来的一大风口""未来将以数据财政代替土地财政"等各种说法。然而，数据市场作为一种崭新的市场形态，如今还没有任何成形的理论为其发展提供指导，各地均处于探索阶段。

同时，通过地方实践，我们看到了数据市场面临着要素化、市场化、价值化等多种挑战。数据要素化，即要解决数据确权、价值挖掘和形成稳定需求和供给等问题；数据市场化，即要建立完善的数据市场体系、公平高效的收益分配机制，并形成合理的交易价格；数据价值化，即要解决数据资产入表评估问题，形成一套行之有效的数据资产估值体系。在很多现实场景中，这些挑战相辅相成，交织在一起。

因此，发展数据要素市场，在鼓励地方先行先试的同时，也需要在发展中规范、在规范中发展。有很多理论问题和实践问题，亟须学术界的支持。其中，相关理论问题包括：纳入数据要素的新生产函数，数据要素与其他生产要素的协同联动机制及其对全要素生产率的贡献，构建数据要素生产、流通、分配等基础性经济理论等；相关实践问题包括：数据要素典型应用场景的案例总结与推广，数据要素使用和流通效率的评估方法，数据资源盘点和数据资产入表等。

笔者所在的北京大学光华管理学院与数据要素市场的发展有着非常紧密的关系。例如，2023 年 2 月，北京大学光华管理学院主办了"聚焦'数据二十条'——数据基础制度与数字经济发展论坛"；同年 8 月，北京大学光华管理学院院长刘俏带领北京大学教授团队与国家数据局全体筹备组成员进行了交流汇报；2024 年 1 月，国家发展改革委党组成员，国家数据局党组书记、局长刘烈宏在第二十五届北大光华新年论坛上以"激活数据要素价值"为题发表了演讲。

北京大学光华管理学院的很多教授都参与了数据要素的研究，比如周黎安教授为 2020 年印发的《关于构建更加完善的要素市场化配置体制机制的意见》提供了政策咨询和学术支持，仲为国和笔者参与了"三年行动计划"的起草讨论，彭一杰教授参与了关于"适度超前建设数字基础设施，加快形成全国一体化算力体系"的文件讨论，等等。

因此在本文的最后，笔者也衷心祝愿在未来有更多的产学研结合，从理论和实践层面，共同推动数据要素市场乃至整个数字经济的高质量发展，推动数据要素市场化配置、激发数据要素价值、助力数据要素成为实现我国经济高质量发展的新质生产力，实现刘烈宏局长所期待的"共同书写数据的灿烂光华"！

生态文明建设与经济高质量发展和新质生产力提升的和谐统一

徐江旻

生态系统是人类赖以生存的条件和经济社会可持续发展的基础。工业革命以来，"资源密集、高碳排放、高生态成本"的传统发展模式大幅提高了经济水平，并以前所未有的发展规模推进了工业文明。然而，这种发展模式的不可持续性已在全球引发了各种危机，如日益严峻的全球气候变暖问题和生态环境系统的严重恶化问题。在此背景下，生态环境保护和社会经济可持续发展已成了世界性重要议题之一。我国作为全球最大的发展中国家，处理好经济发展与生态环境系统保护的关系，是我们所面对的重大社会发展课题之一。党的二十大明确提出，推动经济社会发展绿色化、低碳化是实现高质量发展的关键环节。这一高瞻远瞩的战略定位不仅是对我国未来发展道路的指导，也是对全球生态保护事业的重要贡献。习近平总书记在 2023 年 7 月全国生态环境保护大会上，为人与自然和谐共生的中国式现代化谋篇布局，他强调"要站在人与自然和谐共生的高度谋划发展，通过高水平环境保护，不断塑造发展的新动能、新优势，着力构建绿色低碳循环经济体系，有效降低发展的资源环境代价，持续增强发展的潜力和后劲"。为全面推进美丽中国建设，2023年中央经济工作会议将"深入推进生态文明建设和绿色低碳发展"列为经济工作重点任务，并确立了将我国打造为"绿色低碳发展高地"的发展目标。习近平生态文明思想表明，推动生态文明建设和绿色低碳发展是打造新质生产力、实现中国式现代化的重要渠道。高水平保护是发展新质生产力的重要支撑，推动绿色低碳的高质量发展需要依靠高水平保护才能实现。同时，绿色低碳经济的发展和新质生产力的提升又能促进生态环境系统的保护水平。习近平总书记在主持二十届中央政治局第十一次集体学习时指出，"绿色发展是高质量发展的底色，新质生产力本身就是绿色生产力"，并且要"牢固树立和践行绿水青山就是金山银山的理念，坚定不移走生态优先、绿色发展之路"。因此，在习近平生态文明思想指导下，经济高质量发展与高水平的生态环境系统保护是互惠互利、相得益彰的。在实现中国式现代化的道路上，我们应当牢牢把握好、处理好并运用好高质量发展和高水平保护之间相辅相成、和谐统一的本质关系，由此在习近平生态文明思想的指导下形成生态环境系统保护、新质生产力提升与经济高质量发展的有机结合，推动美丽中国目标一步步变为现实。

目前，关于发展和保护的传统理论及其政策论述，很大程度上是建立在传统工业文明模式上的，生态环境系统保护更多地被视为经济发展的冲突对立面。因而在该发展范式框架下，生态环境系统保护与经济发展是相互矛盾而非相辅相成的，生态文明建设也无法为提升新质生产力带来帮助。然而，在习近平生态文明思想指导下，我国的高质量发展模式是与传统发展模式有着本质区别的。正如无法用农业时代的思维去理解工业时代的经济一样，我们也无法用工业时代的传统思维，去理解我国生态文明和绿色经济所带来的高质量发展机遇以及对培育新质生产力所产生的积极作用。因此，如爱因斯坦所言"我们不能用过去导致这些问题的思维解决这些问题"，我们也必须跳出传统的、基于工业文明模式的生态保护理论及经济发展范式，在习近平生态文明思想的指导下去理解高水平生态环境系统保护与推动新质生产力和高质量发展辩证统一的增长范式。

传统工业文明范式下的生态环境系统保护
与发展模式亟须转变

在传统工业文明范式中，经济增长和生态环境系统保护二者本质上是相互冲突矛盾的。在传统经济增长模式中，最终产出由经济体中的已知生产技术决定。然而，生产技术会对生态环境系统带来破坏。在该模式中，生态环境系统对于产出没有额外的生产价值。因此，生态环境系统保护就单一地成了对最终产出的制约。如果要保持长期的经济增长，那么就要以牺牲生态环境系统为代价，因此经济社会就无法维持生态环境系统保护，而生态环境系统退化也就无法避免了。反之，如果要保护生态环境系统，那么社会就必须以牺牲经济发展为代价，并且生态环境系统保护也不可能为提升生产力带来任何贡献。由于传统工业文明发展范式无法在发展与保护之前形成辩证统一的关系，所以就带来了"先污染（排放）、后治理（减排）"的西方发展思路和体系。在触发危机后，传统工业文明的解决思路是，在不转变发展范式的条件下，通过所谓理性主义和新技术来克服内在矛盾。虽然该发展模式极大地促进了物质生产力的进步，但是这种物质主义和消费主义的持续扩张，却不可避免地带来严重的生态环境系统危机和可持续发展危机。

在图 8-1 中，我们展示了 1990 年至 2016 年全球生命力指数（Living Planet Index，LPI，圆点线，左轴）与全球人均实际 GDP（以 2015 年不变美元衡量，方点线，右轴）的演变。全球生命力指数可以用来衡量全球生物多样性。从图 8-1 中，我们可以清晰地看到，全球生物多样性下降与人均实际 GDP 增长（即经济增长）有着很强的负相关性。从 1990 年至 2016 年，全球人均实际 GDP 增长了近 50%。与此同时，全球生命力指数则下降了 50%。因此，这意味着，全球 1% 的年化 GDP 增长大约需要 1% 的年化生物多样性下降作为代价。图 8-1 的数据表明，在传统工业文明发展范式下，经济增长与生态环境系统保护之间存在不可调和的矛盾冲突。经济增长是以生态环境系统大规模退化为代价的，并且生态环境系统保护范式明显需要服从于经济增长。由此可见，在传统工业文明发展范式下，生态环境系统保护在很大程度上被视为经济发展的约束和负担，无法从根本上为经济发展提供支持，因而其所谓绿色发展模式实则是在发展与保护存在内在矛盾的前提下寻求"最优折中"。因此，我们必须跳出传统工业文明的思维逻辑与发展范式，在习近平生态文明思想指导下，从生态文明的角度来理解保护与发展，特别是生态文明建设与新质生产力发展之间互惠互利、相辅相成的和谐统一逻辑。

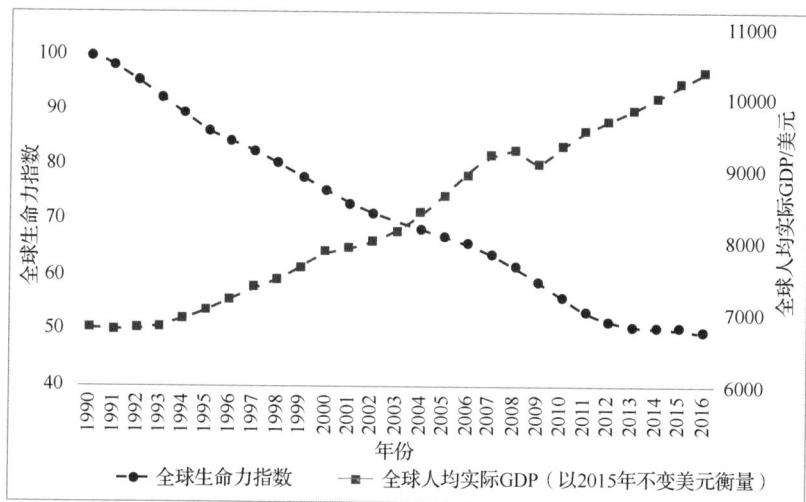

图 8-1　全球生命力指数（LPI）的演变与全球人均实际 GDP

习近平生态文明思想下高水平保护
与高质量发展的辩证统一

那么我们如何理解在习近平生态文明思想下，高水平保护与高质量发展二者之间辩证统一的关系呢？

第一，从本质逻辑来看，习近平生态文明思想与西方工业文明思维模式是截然不同的。习近平总书记指出："绿水青山就是金山银山。"这是生态文明发展范式下重要的发展理念。它表明，高水平生态环境保护不但能够改善生态环境系统，更能够为高质量经济社会发展提供新动力与机遇；高质量发展又能为高水平保护提供支撑并更好地推进生态文明建设。因此，在习近平生态文明思想下，高水平保护与高质量发展是相辅相成、相得益彰的，这完全有别于前文所阐述的西方传统工业文明下所谓绿色发展的折中逻辑。

第二，我们从具体实践路径来分析在习近平生态文明思想下，高水平保护与高质量发展为何能够形成互惠互利的关系。首先，生态环境本身就是无形资产，可以为经济生产提供生态价值与生态服务，形成生态资产与财富。其次，生态资产具有规模报酬递增效应：由于生态资产在使用上是非竞争性的，作为生产投入要素，它们在经济生产过程中是可扩展的，因而能带来相比于传统物质资产更高的规模回报效应。相对于工业文明的传统发展范式而言，生态文明发展范式中的生态资产代表了生态环境系统保护观念的根本转变。在生态文明发展范式下，由于对经济产出赋予生态价值，生态环境系统保护不再是经济增长的约束。相反，生态环境系统提供了生态资产价值，保护生态环境系统可以促进经济增长。因此，生态环境系统保护和经济发展具有协同效应——它们相辅相成、互惠互利：高质量的经济发展需要生态资产在生产过程中提供生态价值效益，因而自发产生对于高水平生态环境系列保护的需求；而高水平生态环境系统保护又能提升生态资产价值，进而带来更高质量的经济发展。

经济发展和生态环境系统保护之间辩证统一的逻辑关系,揭示了保护生态环境系统就是保护生产力、改善生态环境系统就是提升生产力的道理,指明了习近平新时代中国特色社会主义生态文明建设对于实现经济发展与生态环境系统保护和谐共生的重要意义。良好的生态环境系统蕴含着强大的经济价值,能够持续为经济增长提供动能并培育壮大新质生产力,从而推进高质量发展。经济发展不是对生态环境系统的竭泽而渔,生态环境系统保护也不是对牺牲发展的缘木求鱼,而是在保护中发展、在发展中保护的生态文明逻辑。

通过这一分析,我们可以清晰地看到,习近平生态文明思想倡导的是一种高水平保护与高质量发展相互促进的全新发展范式,打破了西方传统工业文明中生态环境系统保护和经济增长之间的对立局面。"绿水青山就是金山银山"的发展理念,不仅为我国生态文明建设指明了方向,更为全球生态文明发展提供了中国智慧和中国方案。

生态文明发展范式下的高水平生态环境系统保护如何助推新质生产力的发展

我们可以从以下五个方面来理解生态文明发展范式下的高水平生态环境系统保护在促进新质生产力发展方面的基本经济

学逻辑。

第一，通过高水平生态环境系统保护，经济发展将出现新的可持续绿色增长机遇，并由此培育发展新质生产力的新动能。我国生态旅游等生态服务产业与电动汽车等绿色产业崛起的案例，可以生动地体现生态文明发展范式在促进绿色经济增长与新质生产力发展方面的经济学逻辑。高水平生态环境系统保护和生态文明建设能够把生态环境系统优势转化为生态农业、生态工业、生态旅游等生态产业的优势，推动新质生产力的苗壮成长。因此，在高质量经济发展过程中，绿水青山也就通过提升新质生产力而转变为了金山银山。

第二，高水平生态环境系统保护增加了生态创新的规模，而生态创新会推动经济绿色发展技术前沿的进步，从而提高绿色全要素生产率和绿色可持续增长率，并带动新质生产力的发展壮大。自 2004 年以来，我国新能源成本的大幅下降与新能源在经济生产过程中的广泛利用，就是证明生态创新与新质生产力发展之间的经济学逻辑的一个典型例子。由此可见，在以生态文明为基础的高质量发展模式中，生态环境系统保护不再是经济发展的拖累。相反，由于生态创新可以带来新的可持续增长的机遇，并提高经济发展的绿色技术水平和生产率，所以在生态文明发展范式下，新质生产力的发展与生态环境系统的高水平保护是密不可分、和谐统一的。

　　第三，推进生态文明建设可以激发经济绿色转型，从而带动新质生产力的发展。正如习近平总书记所强调的"绿色发展是高质量发展的底色，新质生产力本身就是绿色生产力"，推进生态文明建设，要将生态环境系统的承载力作为前提和基础，把经济发展活动与生态环境的承受限度紧密挂钩。这就能激励引导各行各业积极进行发展方式的绿色转型，并通过绿色转型使经济发展实现"质的"有效提升和"量的"合理增长。因此，生态文明建设所引领的绿色经济转型能够加快绿色技术创新和先进绿色技术的运用，从而推动各行各业绿色新质生产力的发展进步。通过经济学逻辑，阐明了生态文明建设和高水平生态环境系统保护对于做强绿色制造业、发展绿色服务业、壮大绿色能源产业、发展绿色低碳产业和供应链以及构建绿色低碳循环经济体系所起到的强大积极作用。

　　第四，高水平生态环境系统保护能引导产业绿色升级，从而提升新质生产力。生态环境系统保护的重点之一是通过采用和推广绿色技术来减少环境污染和生态破坏。这一过程促使企业和研究机构投入资金和资源进行新材料、新技术和新设备的研发。例如，太阳能和风能发电技术的发展，不仅减少了对化石燃料的依赖，也推动了新的产业链的形成，如光伏材料制造、风力发电设备生产和相关服务业的兴起。这些绿色新兴产业为经济增长提供了新的动力，促进了技术创新和产业结构的优化升级，从而激发了新质生产力的发展。

第五，生态文明建设能通过增强企业的生态品牌价值带动企业新质生产力的发展。在生态文明发展范式下，高水平的生态环境系统保护要求企业在追求经济利益的同时，关注生态环境系统的维护与社会的可持续发展。随着消费者环保意识的提高和绿色消费的流行，企业在生态环境系统保护方面的表现越来越成为塑造自身品牌形象和提升自身市场认可度的重要因素。企业通过实施生态环境系统保护政策，如使用可持续材料、减少废物排放等，不仅能够增强企业的品牌价值，还能吸引具有环保意识的消费者，进而提升企业的绿色生产效率与新质生产力。

同时，经济的绿色发展可以为生态文明建设和生态环境系统保护起到重要的辅助作用。这是因为经济的绿色发展与新质生产力的发展能够转变利用生态资源的方式并提高利用生态资源的效率。高质量的经济发展将更重视在开发和利用资源的过程中减少对生态环境系统的损害，更重视资源的再生循环利用，更重视用最小的生态环境系统代价取得最大的经济社会效益。因此，生态文明发展范式坚持把绿色低碳发展作为解决生态环境问题的治本之策，通过绿色发展和新质生产力的协同实现"降碳、减污、扩绿、增长"，由此实现生态环境效益、经济效益、社会效益的互利共赢。

从经济学逻辑角度来看，生态文明建设与新质生产力发展的和谐统一需要以下几方面的基础。

第一，各行业因地制宜地进行生产模式的转变。在生态文明发展范式下，生产的内容需要适应人们对于物质产品和非物质产品（生态产品）的全面需求。对于企业而言，它们需要不同于传统工业时代的商业模式，以便将自己创造的生态价值直接或间接实现。

第二，全面释放生态产品和生态无形资产在经济生产和生活中的规模报酬递增效应。从前文分析我们已经看到，高水平生态环境系统保护将"绿水青山"转化为"金山银山"，由此推动新质生产力和经济高质量发展。"绿水青山"所提供的生态价值，很多都是无形资产。因此，在生产过程中，各行各业需要将生态资本纳入到生产要素中，改变传统工业文明发展模式下的生产决策。

第三，大力完善生态价值体系的实现形式。对于生态无形资产的价值而言，传统发展模式中的定价方式不一定可行。因此，可以考虑间接定价的方法，比如用显性偏好定价法以及内涵资产定价法来明确生态资产的经济价值。

在生态文明发展范式下，通过实施生态修复重大工程，建立自然保护区体系，划定生态保护红线等措施，我国的生态环境系统保护水平已得到了全方位的提升。然而，我们也要意识到，我国生态环境系统保护仍面临着诸多挑战，比如资金投入机制单一，生态保护数据整合程度不够，以及对生态环境系统保护与经济发展结合的完整性重视不足等问题。因此，我们必须以习近平生态文明思想为指导，坚定不移地推进生态文明建设，处理好高质量经济发展和高水平生态环境系统保护的关系，并加快新质生产力的发展。我们可以看到，未来我国的生态环境系统保护模式应更深入地强化生态环境系统与经济发展之间互惠互利、相得益彰的关系。生态环境系统保护应加强顶层设计和管理，推进与经济发展之间的协同增效，更好地应对生态环境系统所面临的新挑战，从而助力实现人与自然和谐共生的"美丽中国"目标。

综上所述，在习近平生态文明思想的指导下，高水平生态环境系统保护是推动高质量经济发展和提升新质生产力的重要支撑。这是我国的生态文明发展范式与传统工业文明发展范式的本质区别。在实现人与自然和谐共生的现代化道路上，我们要时刻把握好高水平生态环境系统保护与高质量经济发展之间的辩证统一关系，坚定不移地用习近平生态文明思想推动生态文明建设工作，加快发展新质生产力，为建设"美丽中国"作出新的更大贡献。

第四部分

健全资本市场体系，提高金融服务生产力效能

构建与发展新质生产力
高度适配的资本市场估值体系

刘　俏　张　峥

　　生产要素的高效率配置是实现生产力跃升、形成新质生产力的必要条件。通过改革提升资源配置效率，打破阻碍全要素自由流动的体制/机制缺陷，推动劳动、资本、土地、知识、技术、数据等要素在市场机制作用下不断流向效率更高、效益更好的环节。资本市场最重要的功能之一是价格发现，即通过买卖双方的交易行为所形成的市场价格，帮助实现资源被更有效的配置。我们认为，要充分发挥资本市场支持实体经济高质量发展的枢纽功能，大力发展新质生产力，提升全要素生产率，促进科技、产业和资本的高水平循环，形成与之相适配的资本市场估值体系是关键。

为什么需要与发展新质生产力相适配的
资本市场估值体系

新质生产力是以全要素生产率提升为核心标志的。当前，我国经济社会发展的最大挑战在于保持全要素生产率增速。随着工业化进程的结束，我国的全要素生产率年均增速已从 1980—2009 年的 4%以上降至 2010—2019 年的 1.8%。然而，我国经济面临的"生产率增长挑战"，与西方主要工业化国家面临的"生产率增长悖论"在本质上是有所不同的——在我国经济社会发展的过程中仍然存在大量推动全要素生产率增速实现 V 型反弹的结构性因素。这些结构性因素所蕴含的力量一经释放，将形成全要素生产率和经济新一轮高速增长的强大推动力。

一方面，与美国等国家普遍面临的大规模投资机会缺乏、投资相对不足等对全要素生产率增长的制约不同，我国仍然拥有大量的潜在投资机会：我国的人均资本存量（含住房资产）目前虽然已经达到 6.7 万美元（按 2011 年购买力平价计算），但仅仅是德国的 42%和美国的 55%——我国还有对节点行业和关键领域大量投资的潜力，这为新旧动能转换、全要素生产率提升提供了巨大的空间。

　　另一方面，虽然按人均我国已稳居中等收入国家，但是我们的发展仍然是不充分、不平衡的：例如，我国在全球价值链的参与度非常高，但在全球价值链上仍处于中、下游位置，在原材料、核心零部件、底层技术等环节难以形成闭环，存在"卡脖子"问题；我国居民消费率不到 GDP 的 40%，远低于发达国家 60%～70%的水平，未来很长一段时期我们依然将面临"如何满足人民群众对美好生活的向往"这一挑战；我国仍存在着城乡、区域间的发展不平衡，城乡居民可支配收入比高达 2.5 左右，在经济相对欠发达地区该数据甚至更高……直面并解决这些结构性问题将为全要素生产率增长提供进一步的空间。

　　增速的强大推动作用，释放经济长期增长潜能，需要数量巨大的对基础核心行业及领域的投资。这些领域往往处于国民经济生产网络的关键位置，牵一发而动全身，具有极高的社会回报。不过，这些领域具有极大的不确定性，因此投资的资本回报并不一定很高。如果只是依赖市场机制来配置资源与要素，这些领域将长期面临投资不足的问题。例如，绿色转型和数字化网络建设、收入与发展机会不平等的解决、产业升级与科技进步、基础研究投入等问题，单靠市场根本无法解决。对关键领域投资不足不仅会严重滞延产业转型，还进一步加深了经济社会发展的断层线。

　　我国"政府+市场"的增长范式在释放我国经济长期增长的

潜能方面有独特优势。通过顶层设计和产业政策，保持足够的投资强度甚至超前投资，引导资源配置到那些社会回报大于资本回报的领域，有助于推动全要素生产率增长的新的节点行业的发展，解决那些长期桎梏经济社会高质量发展的结构性问题；如果在这一过程中发挥好政府投资和政策激励的引导作用，有效带动和激发民间投资、推动各类市场主体不断涌现和创新活力的迸发、发挥市场在资源配置中的决定性作用，那么我国就能轻松应对全要素生产率增长面临的挑战，而经济长期增长的潜能也能顺利得到释放。

我国在提升资源配置效率（全要素生产率增长重要来源之一）方面的改善空间依然宽阔。资本市场最重要的功能之一是通过市场价格的引导作用帮助实现资源更有效的配置。如果市场价格信号灵敏，资本市场就可以成为资源配置与政策传导的重要渠道，这有利于促进科技、产业和资本的高水平循环，完善现代化产业体系，推动发展新质生产力。我国资本市场自 1990 年重启以来发展迅速，在短短的三十多年时间里，已经初步建立了多层次的资本市场，股票市场目前按交易量和总市值衡量都已稳居全球第二，而 A 股上市企业的数量截至 2023 年年底也已经超过 5300 家。虽然发展迅速，但我国股票市场一直没有形成有效的价格发现机制，存在诸多估值和定价扭曲的现象。其中，过度强调短期财务表现的估值体系一直是我国资本市场的短板。

2023 年召开的中央金融工作会议对"加快建设金融强国"作出重要部署，要求"切实加强对重大战略、重点领域和薄弱环节的优质金融服务"，特别是引导资金更多流向推动高质量发展的关键领域和节点行业。探索中国特色金融发展之路，提升资本市场服务供给的质量，建立与中国式现代化发展理念和中国经济增长特征高度适配的估值体系是关键。

合理的资本市场估值体系
也应包括企业的社会价值

我国 A 股市场目前盛行的市场估值体系基本上以股东权益价值最大化为企业经营目标，强调能以货币形式体现的价值，因此更关注上市公司的成长性和财务绩效。该估值体系没有体现出我国"政府+市场"的经济发展范式的突出特征，估值中没有完整体现"价值"的多元内涵。

基于我国目前的制度背景和发展阶段，企业价值除股东权益价值外，还包含其他多个维度的价值，例如，公司员工、政府、债权人等直接利益相关方通过工资、税收、利息等从企业所获得的价值；上市公司做优做强，带动产业链供应链上下游大中小企业协同发展，夯实经济高质量发展的微观基础，对企业所在地就业、地方政府税收、总体经济增长所做的贡献等。这些维度的价值并没有直接体现在诸如净资产收益率（ROE）或是资本回报率（ROIC）这样的财务指标上。经典市场估值体系也没有给予相关企业足够的关注和相应的估值溢价。然而，这些价值体现了中国式现代化以人民为中心的发展理念，也与中国经济发展特征高度契合。习近平总书记曾强调，"高质量发展应该实现投资有回报、企业有利润、员工有收入、政府有税收，并且充分反映各自按市场评价的贡献"，这体现了高质量发展的市场估值体系应该给予上述这些维度充分的市场估值溢价，这样才能形成合理的估值水平。唯此，资本市场才能更好地发挥通过价格发现有效引领资源配置的功能，为创造这些价值的部门和领域配置更多、更为优质的金融服务。这是建设中国特色金融强国，以金融支持高质量发展的应有之义。

重构我国资本市场估值理念和定价逻辑，需要回答的重要问题是：股东权益价值之外，哪些维度的价值应该被纳入市场定价范围？这些价值又该如何量度？经典市场估值体系近些年开始修补对企业价值内涵相对狭义的理解，逐渐将环境、社会、治理（ESG）纳入投资策略和企业评价体系。然而，目前资本市场对ESG的定义及范围并没有形成统一的认识；对其量度也以主观评价为主，不同评价体系的评估结果经常存在明显的差异；而且，更好的 ESG 表现是否能带来企业基本面价值的提升和市场估值的溢价迄今尚无定论。定义、范围、评估方法和评级结果上的模糊性和不确定性使得 ESG 价值无法充分反映估值体系中的我国资产所具有的特殊价值。

首先，我国经济社会发展坚持以人民为中心的价值取向，强调发展的普惠性。在这样的发展观下，超越股东权益价值的利益相关方的价值是企业价值的重要构成部分，应该被纳入市场估值体系，从而体现股市的人民性。同样重要的是，我国经济发展模式的突出特征是"有为政府"和"有效市场"相结合：政府通过"五年规划"和产业政策，将资源配置到推动经济社会发展的节点行业和关键领域。发生在节点行业和关键领域的技术变革和冲击通过生产网络传递和放大，形成溢出效应，带动了上下游大量市场主体的出现，对总体经济产生一个乘数效应，而对这些关键行业和领域的大量投资也带来了全要素生产率的增长，推动了总体经济的发展。将企业通过生产网络对总体经济产生的乘数效应纳入市场估值具有重要意义：节点行业和关键领域投资的资本回报不一定很高，这可能会导致投资不足，而将乘数效应纳入估值，给予企业足够的、高于资本回报的回报，能够激励更多资金投向这些领域，有效解决投资不足问题。

基于上述两个方面考虑，我们引入了企业的社会价值（Social Value）这一变量——企业为所有利益相关方创造的价值乘以企业通过生产网络传递及放大所形成的对总体经济的乘数效应。

我们的实证研究显示，高社会价值的企业具有更好的基本面价值（体现为高净资产收益率、更稳健的财务情况、穿越周期的能力等）。企业对社会价值的追求，有助于建立社会资本和信任，在面临动荡的市场状况（例如金融危机）时能保持足够的韧性，承受更小的诉讼风险和更低的融资成本，在进行并购等对企业价值有重大影响的交易时更容易得到重要的利益相关方的支持等——所有这些经典文献中提及的机制都有助于提升企业价值。

更为重要的，在我国"政府+市场"的增长范式下，社会价值大的企业更可能位于中国经济生产网络的节点位置，有较长的产业链、供应链，对总体经济的拉动作用比较大，这些企业在资金、投融资配套等方面相对容易获得优待。现有研究也显示，改革开放后，我国经济实现强劲增长的重要原因就是产业政策更加倾斜于生产网络中的节点行业。此外，社会价值大的企业更可能追求经济利益和社会利益的平衡，能在短期价值与长期回报、发展与安全、成长性与稳定性之间形成更好的均衡，这样的企业在确定性、安全性和可持续性等维度往往有更好的表现，相较于其他企业，具备较强的穿越周期的能力。

高社会价值企业理应获得估值溢价，给予投资者更高的回报。然而，A 股市场估值体系完全"漏掉"了企业社会价值这一定价因子。我们的研究结果显示，持有高社会价值企业的股票能够带来高达 8%～10% 的超额股票年化收益率（阿尔法）并显著提升企业的市场估值，而且现有的定价模型并不能解释因社会价值产生的超额股票收益率。高社会价值企业的超额股票收益率既然不能被风险因子解释，那么就表明市场对高社会价值企业存在估值偏差的问题，进而导致这些企业普遍存在估值偏低的情况，尤其反映在大市值企业、国企、价值型企业、高股息率企业等。

根据企业社会价值的取值，我们将 A 股上市企业分为高低两组，构建了对应市值加权组合（每月调整）并计算了持有 1 个月的累计收益率指数。如图 9-1 所示，2003—2021 年，高社会价值企业市值增加了 5.5 倍（从 100 到 650），而低社会价值企业的市值只增加了 2 倍多；而且，从 2009 年开始，包括 2015 下半年的股市大调整期间，由高社会价值企业构成的投资组合其资本市场表现明显优于由低社会价值企业构成的投资组合，这表明根据企业社会价值构造的投资策略可以穿越不同市场周期。这一事实也从另一角度表明，由于投资者一直没有把企业社会价值纳入估值中，因而由企业社会价值较大的股票构成的投资组合会带来更高的股票收益率。图 9-1 同时也显示，高、低组合之间的差异自 2019 年后有所扩大，说明近年来我国股票市场对企业社会价值的错误定价现象有待改善。

图 9-1　收益率指数

科创企业的创新投入具有正的外部性，
应反映到"社会价值"的度量之中

我们从生产网络和利益相关方价值的角度，提出了一种相对简便可行的拆解思路和量度方式，以便更好地去界定估值中"价值"的内涵，并与环境、社会和公司治理（ESG）体系形成区别。我们的提议基于具有共性的逻辑，强调对估值中"价值"的内涵需要根据经济发展理念和发展模式进行有针对性的界定。在构建以社会价值为基础的估值体系的过程中，我们须避免一刀切，未来应结合不同行业、不同类型企业的自身特点，构建差异化估值和定价逻辑。例如，科创企业的创新投入具有正的外部性，也应该予以量化并反映到"社会价值"的度量之中。

科技创新是发展新质生产力的核心要素。社会生产力每次出现大的跃升，都对应着新技术对旧技术的"创造性毁灭"。第一次产业革命以蒸汽机大规模使用为标志，促使人类社会从农业社会步入工业化时代。第二次产业革命以电力技术和内燃机为标志，使得人类社会得以步入电气化时代。电力技术和内燃机技术取代蒸汽动力技术成为新的技术经济范式，电力、通信、汽车、石油等产业开始迅速发展。第三次产业革命以电子计算机和互联网为标志，推动人类社会进入了信息化时代，催生了计算机、半导体等支柱产业。

基础研究是科技创新的源头和科技自立自强的根基。在过去十余年中，我国对基础研究的投入在不断提升，从 2012 年的 499 亿元提升到 2022 年的 1951 亿元（占总研发经费的 6.3%）。与此同时，欧美发达国家对基础研究的投入占其总研发经费的比例基本稳定在 12%以上，其中美国大约为 15%（2019 年数字）。显然，与欧美发达国家相比，在基础研究的投入方面，我国还有很大差距。我国对基础研究的投入占总研发经费的比例相对不足的结构问题亟待改变。"十四五"规划已把到 2025 年将我国基础研究投入占总研究经费的比例提升至 8%以上作为政策目标。如果我们能实现甚至超过这个目标，那么将有力推进我国实现科技高水平的自立自强，提升我国在全球价值链的位置，为我国在新的发展阶段保持全要素生产率增长创造有利条件。

基础研究难度大、周期长、风险高,如何加大对基础研究的投入呢?我们需要发挥好财政尤其是中央财政的积极作用,还需要充分调动市场力量。2021年,我国76.9%的研发经费来源于企业资金,而由企业执行的研发也占到研发总经费的76.4%。然而,企业研发主要还是集中于研发的"发"(应用研究和试验发展),而非研发的"研"(基础研究)。基础研究具有公共品属性,是典型的社会回报大于资本回报的领域,只依靠企业和市场,将面临投资不足这个经典问题。提升企业投资基础研究的热情,需要将基础研究中社会回报大于资本回报的部分以一定方式呈现出来并返还企业。政府可以通过税收优惠和更有效率的专利制度为企业等市场主体提供激励,以促进其在基础研究领域的研发。更重要的是,我们需要重塑资本市场估值体系,将企业的基础研究投入纳入市场估值,以溢价形式反映出来。

怎样构建发展新质生产力的
资本市场估值体系

我国资本市场怎样才能将体现中国式现代化理念和中国经济发展特征的企业社会价值纳入市场估值范围?对经典市场估值体系进行重构,是一个漫长的持续过程,需要从投资端和企业端同时发力。在投资端,大力培育和发展以新质生产力为价值引领的长期资金，强化资本市场对高社会价值企业价值发现的功能，不断提升新估值体系的影响力和定价权。在企业端，需要将公司治理和企业管理思维转换到最大化社会价值的过程中来，增加对创造企业社会价值的领域的投资，为践行新估值理念的投资者提供具有确定性、安全性、可持续性的高社会价值投资标的。具体政策举措可包括如下几点。

第一，客观、充分、完整的信息披露是资本市场有效定价的前提。目前我国上市公司的财务报表信息大多与财务绩效相关，未系统披露非财务方面的绩效信息。目前很多上市公司发布 ESG 报告，但如前文所述，现阶段我国资本市场对于 ESG 的定义及其范围尚未形成统一标准，更有甚者，学界和业界对 ESG 框架体系是否能够体现了估值体系中的"中国特色"仍存争议。为此，应进一步规范、加强企业和社会价值相关的信息披露，例如，上市公司所处行业在生产网络的位置及其供应链产业链方面的信息、上市公司为利益相关方们所做的贡献，以及根据本文所给出的概念定义所计算出的企业社会价值等。披露并强调这些信息在估值上的重要意义，有助于投资者增强对创造社会价值的企业和部门的关注，挖掘高社会价值企业的内在价值，构建契合企业特点的估值方法，进而修复这类企业的估值，并助力企业创造更大的社会价值，形成正向循环、互相加强的机制。

第二，投资者是参与资本市场定价的主体，高社会价值企业市场估值偏低的主要原因在于投资者尤其是机构投资者对社会价值的估值偏差。因此，应当加强投资者教育，发挥专业机构投资者的桥梁作用，引导机构投资者在投研过程中更加关注企业为各利益相关方的价值创造过程，挖掘有关企业在生产网络中的节点作用的相关信息，深入理解具有高社会价值的企业中长期估值提升的空间，加大对高社会价值企业股票的净买入，以此修复其估值。

第三，高社会价值企业估值重塑的逻辑在于其相较于其他企业，能够基于中长期维度提供确定性的超额收益。为此，估值体系重塑需要从投资端持续发力，一方面加大对保险、养老、社保、年金等中长线资金的引导，使其与估值低、基本面好的高社会价值企业更好匹配，使上市主体与中长线资金之间形成正向循环，提升中长线资金对新估值体系的支撑力度；另一方面，需要大力培育愿意给予社会价值高溢价的长期资金。具体操作上可以基于企业社会价值开发宽基指数型产品，如相关交易型开放式指数基金（ETF）等。由于现阶段高社会价值企业具有更高的投资回报率，相关指数产品的推广具有较强的可行性。该类指数产品聚焦投资社会价值高的上市公司，不仅能促进低估值的高社会价值企业实现估值修复，还能使相关企业被更多关注社会价值的投资者所长期持有，从而助力企业的长期发展和社会价值创造。当类似指数基金这样的长期资金规模继续增大并占到整个我国股市市值规模的一定比例时，我国股市的定价逻辑就有可能发生变化，而社会价值将成为相关企业估值溢价的重要来源。与此相关，作为一项支持中国特色的资本市场发展的基础性政策工具，可以由财政出资成立股市平准基金，直接支持那些社会价值大同时估值偏低的上市公司，以此修复估值偏差。

第四，应鼓励我国企业围绕着创造社会价值主动进行企业战略和运营管理"升维"，提升自身质量和投资价值，具体体现为加大对创造社会价值的领域的投资，不断提升企业的可持续性与核心竞争力，注重自身价值的不断挖掘，加强与市场的高效常态化互动，持续向市场传递自身发展理念和价值等，从而让投资者更好地认识企业内在价值。

以创新引领新质生产力发展——兼谈私募股权市场发展对创新的作用

刘晓蕾

对于新质生产力的解读方兴未艾，但有一点毋庸置疑，那就是发展新质生产力要以创新为引领。然而，如何才能实现创新，目前有两种声音，其一是强调举国体制，希望通过政府的力量重现"两弹一星"式辉煌；其二是充分发挥市场的力量，让市场作为创新的核心驱动力。这两种争论在学术界由来已久。从经济学理论上讲，创新作为有正溢出效应的投资，如果没有政府干预而完全交由市场，很容易出现投资不足的局面，因此通过政府干预促进创新符合经济学基本原理。然而，与此同时，大量研究也发现了政府干预的负面作用，如政府投资挤出私人投资，政府没有能力识别赢家等。基于国内外经验的分析，本文认为，只有政府与市场力量的充分有机结合，才能形成最优的创新机制：政府指明方向，市场执行操作。进一步地，针对金融如何在政府与市场相结合中支持创新，本文进行了讨论分析并给出了政策建议。

政府的重要作用

基于国外经验的分析，政府的重要作用如下。

一是美国政府在创新中的作用。美国政府在推动美国创新中一直发挥着重要作用。1942 年，曼哈顿计划催生了核武器和核能技术的发展。1957 年，阿波罗计划推动了航空航天技术的进步，这些都是美国通过举国体制实施创新的成功案例。1982 年，美国国会通过并发起了小企业创新计划（SBIR），该计划为小企业提供了资金支持和创新机会，而许多小企业借助该计划得以将创新的想法和技术转化为实际的产品和服务，进一步推动了美国的科技创新进程。2018 年 10 月，《先进制造业美国领导力战略》的发布进一步体现了美国政府在确定美国创新方向上的决心。

军工产业在美国的创新中一直发挥着举足轻重的作用。美国国防部是全球在研发方面投入最多的机构之一，其 2019 年的研发支出占到了美国联邦政府研发总支出的 40%。这种大规模的投入不仅加强了军事科技的研究，同时也为商业科技的发展提供了强大的推动力。这种推动力主要通过供给和需求两方面得以实现。在供给方面，全球定位系统（GPS）和互联网等颠覆性技术的发展，都是先在军工方面运用，逐渐再向民用普及；在需求方面，美国国防部通过对波音等公司的技术采购促进了新科技的产生与转化应用。具体操作层面，美国政府成立了美国国防高级研究计划局（DARPA）机构，该机构专注于发现、辨识和培育具有潜在军用价值的前沿颠覆性技术，其工作不仅推动了军事科技的发展，也带动了全局科技创新。

二是日韩产业升级中的国家力量。从 1980 年开始，日本和韩国的半导体产业得到了快速的发展，从无到有，逐渐成长为世界半导体产业强国。回顾日本和韩国半导体产业的发家史，我们会发现，政府引导在其中起到了至关重要的作用。

第一，日本的超大规模集成电路项目（Very Large Scale Integraion，VLSI）。从 1960 年开始，美国在计算机和半导体领域高速发展，出现了诸多革命性的技术突破。意识到日本企业在计算机和半导体领域的差距后，日本通商产业省（现为经济产业省）投入了 100 亿日元进行追赶研究。1970 年，美国 IBM 公司计划基于超大规模集成电路开发第四代计算机系统，为了与其进行竞争，日本政府决定举全国之力，联合日本所有半导体产业，对超大规模集成电路进行攻关。这一行动被称为超大规模集成电路项目。该项目由日本政府主导，由日本通商产业省负责组织，以东芝、三菱、日立、富士通等相关企业为主体，以电气技术实验室、日本工业技术研究院电子综合研究所与计算综合研究所为支撑，实施企业间联合研发攻关。从1976年启动至1980年结束，该项目共取得了上千件专利。1986年，日本半导体产品已占据了世界市场45%的份额，超越美国成为全球第一半导体生产大国，实现了通过集中优势人才、促进企业互动和协作攻关，提升日本半导体和集成电路技术水平的战略目标。

第二，韩国的半导体产业发展得益于政府的强力支持。截至2023年年底，韩国已成为全球第二大半导体供应商来源国。然而，在20世纪70年代，韩国的半导体产业尚未诞生，远远落后于同期的美国和日本。1975年，韩国政府推出扶持半导体产业的"六年计划"，试图实现电子配件及半导体产业的本土化。随后，韩国政府陆续推出了《半导体工业扶持计划》《超大规模集成电路技术共同开发计划》《半导体设备国产五年计划》《半导体芯片保护法》等十余项政策。此外，韩国政府还牵头成立"官民一体"的动态随机存取存储器（DRAM）共同开发项目小组，进一步助力企业快速掌握先进技术。正是在韩国政府的大力支持下，韩国出现了三星、SK等一系列半导体企业。

透过日本和韩国的半导体产业的发展历史，我们可以总结出政府作用的几个特点：（1）政府在产业成长期和初创期提供了大力支持的政策，包括但不限于直接补贴、投资、人才计划、技术引进等；（2）政府往往充当组织者的身份，联合企业、科研院所、投资机构共同实现产业的有组织、有协调性的发展；（3）对于"卡脖子"的关键难题（比如日本的超大规模集成电路），政府适时通过"举国体制"集合国家一切资源，进行攻坚，提高了国际竞争力。

政府与市场的结合

第一，美国创新中的市场力量。在美国，市场对创新的作用同样至关重要。发达的民间风险投资（VC）和私募股权（PE）对科创企业给予了重要的支持。卡普兰和勒纳发现，美国一半左右的上市公司接受过 VC/PE 融资。政府与市场两者相结合的典范体现在"政府找方向，市场搞创新"这一点上，遵循既自上而下又自下而上的实现路径。豪厄尔等人系统研究了美国小企业创新研究计划（SBIR）的改革，该改革使其从"传统型"——按照指定课题征求特定技术，过渡到"开放型"——邀请公司提出可能对空军有用的任何新技术。研究表明，改革后的项目吸引了更多新研发公司进入，并增加了面向未来的风险投资。此研究结果说明，政府的干预支持与尊重市场的力量并不矛盾。政府自上而下地支持创新项目，市场自下而上地寻求创新方法，这种结合确实是促进创新成功的最优机制。政府和私营部门相结合，既可以实现政府促进创新的目标，又可以充分激发各机构的创新潜能。

第二，我国的新能源汽车产业是政府与市场结合的典范。我国新能源汽车产业的崛起，便是政府与市场力量紧密结合的成功案例。近十年来，我国新能源汽车产业异军突起，跃居全球汽车市场前沿。自 2012 年至 2023 年，新能源汽车销量实现了从 1.28 万辆到 949.5 万辆的跨越式增长，成功实现"换道超车"。这一辉煌成就的背后，政府的前瞻性规划与全面支持功不可没。

参考陈继程的研究，我国新能源汽车产业政策经历了三个阶段的动态调整。

第一阶段，政府实施顶层设计，通过"十城千辆节能与新能源汽车示范推广应用工程"在公共服务领域先行试点，并辅以财政补贴等措施。为应对新能源汽车发展初期存在的续航不足、市场接受度低等问题，2009 年年初，国务院办公厅出台《汽车产业调整和振兴规划》，明确了产业发展方向。2010 年，政府进一步明确了私人购买新能源汽车的补贴政策，插电式混合动力乘用车和纯电动乘用车分别享受最高 5 万元和 6 万元的一次性补贴。随着国务院《节能与新能源汽车产业发展规划（2012—2020 年）》

的发布，补贴政策进一步明确，为产业发展提供了明确的政策导向和市场动力。

第二阶段，政府宏观统筹，逐步扩大试点范围，并通过补贴调整引导市场向更高效、环保的产品发展。随着市场的逐步拓展，财政部等四部委于 2013 年联合发布了《关于继续开展新能源汽车推广应用工作的通知》，并在随后数年间确认了多批新能源汽车推广应用城市，进一步推动了新能源汽车产业的规模化发展。与此同时，随着产业的不断发展和市场接受度的提升，补贴政策开始逐步调整，补贴标准呈现出退坡趋势。至 2014 年，插电式混合动力乘用车和纯电动乘用车的补贴标准分别降至最高 3.325 万元/辆和 5.7 万元/辆。

第三阶段，随着新能源汽车产业的成熟和市场化程度的提高，政府逐渐减少对市场的直接干预，转向更为灵活、市场化的政策引导，同时加强充电储能配套基础设施建设，推动产业向市场化、可持续的方向发展。2015 年起，政府发布了新的财政支持政策，明确了未来几年的补贴标准和退坡机制。2018 年后，国补政策进入深度调整期，提高了补贴门槛，并加强了技术要求，推动市场向高质量、高续航和高安全性产品发展。2020—2022 年，补贴标准分别在上年基础上退坡 10%、20%、30%。至 2022 年年底，政府补贴正式终止，标志着新能源汽车产业实现由政策驱动向市场驱动的转型，正式迈入市场化、可持续的发展阶段。

而在这一过程中，我国新能源汽车相关企业数量迅猛增长，由 2013 年的约 5100 家增至 2023 年的 92.68 万家。比亚迪、蔚来、小鹏等自主品牌广受消费者认可，企业间展开激烈而有序的竞争，推动技术创新和市场拓展。在补贴逐步退坡的过程中，市场销量仍然保持爆发性增长，反映出消费者对新能源汽车的充分认可。

金融如何支持创新

尽管目前不乏利用银行等传统金融机构推动科技创新的讨论，投贷联动等新型投资模式也在探索中，但债权融资的本质决定了其并不适合承担高风险项目。相比之下，私募股权投资才是比较适合高科技企业的融资渠道。在中美科技竞争日益激烈的大环境下，发展私募股权投资的重要性愈发凸显。

一是私募股权市场现状。近年来，受国际经济环境及美国日益严苛的投资限制的影响，美元基金减少了对我国高科技领域的投资。与此同时，一方面，在中资私募股权基金中，政府投资的比重逐年增加。清科研究中心的数据显示，2023 年前三季度，按认缴出资额计算，国资机构和产业资本占比超过 60%；并且在规模较大的基金中这一比例更高。另一方面，民营私募股权基金正面临募资困境。

多年来，IPO 上市一直是私募股权基金退出的主要方式，2010 年，IPO 退出在所有退出方式中的占比高达 85% 以上。然而，由于 IPO 通道受阻，2023 年这一比例降至 54%，但仍然是最主要的退出途径。与此同时，并购与出售这种退出方式在所有退出方式中的占比显著增加，从 2010 年的占比 11% 上升到 2023 年的 30%。

二是目前我国私募股权市场面临若干问题。

第一，私募股权基金的上市退出渠道不通畅，投资积极性下降。私募股权投资往往涉及较长的投资周期，越是"投早、投小"的资金，投资期越长。这种长期性要求私募股权投资者在做出投资决策时，必须对于未来退出期的安全性和可行性有明确预期。

受国际大环境影响，众多高科技企业赴美上市之路受阻。我国香港股市，以及新加坡股市成了企业的替代选择。然而与美国股市相比，这两个股市在市场深度以及上市公司的多样性方面仍有差距。例如，我国香港股市主要由银行和房地产股票构成，其投资者对于高科技股票的了解和接受程度远不如美国市场的投资者。

国内 IPO 领域，存在影响私募股权投资者信心、抑制他们投资意愿的情况。回顾我国股市历程，IPO 大幅收紧甚至暂停的现象时有发生，有时甚至长达一年之久。近年来，为了推动生物医药产业的发展，我国推出了科创板第五套上市标准，允许未盈利的生物医药及医疗器械等高科技企业在科创板上市。这一政策极大地鼓舞了私募股权基金对生物医药领域的投资热情。然而，遗憾的是，到了 2023 年中期，这一上市规则被叫停，进而导致大量私募股权投资项目被迫中断，使得大量正寻求融资的生物医药企业陷入困境。

第二，政府基金缺乏市场化运作机制。政府基金作为私募股权市场日益关键的资金来源，面临几大核心问题。（1）政府基金存在地方保护主义倾向。多数政府基金设定了返投比例，要求被投企业必须搬迁至本地或在本地设立生产基地等。这种做法限制了政府资金在全国范围内的有效配置。例如，一旦企业获得了某地政府投资，它通常无法再从其他地区的政府那里获得资金支持。鉴于高科技企业投资周期长、资金需求大的特点，单一地方政府的资金很难满足这些企业全生命周期的资金需求。地方政府之间为了争抢项目而引发的企业频繁搬迁，也导致了重复建设和资源浪费。（2）政府基金的风险容忍度不足。严禁"国有资产流失"、终身追责、倒查 20 年等政策虽然防范了风险，但也极大限制了政府基金的风险承受能力，导致部分国资私募股权投资采取"假股真债"等投资模式，并不能真正促进高科技企业发展。（3）如何消除可能存在的"腐败"现象，也是影响政府基金投资效率的重要因素。

第三，民营私募股权基金募资困难。非政府背景的民营私募股权基金不受地域限制，可以实现全国投资，优化资源配置。然而，近年来，受多重因素影响，民营私募股权基金面临募资困境。其一是退出障碍。其二是对政策稳定性的顾虑。政策的频繁变动会导致投资者观望。因此，虽然很多整顿是很必要的，但整顿方式应当更具策略性，为行业提供足够的转型时间和空间。其三是由于股市表现不佳，私募股权市场的重要资金来源——二级市场的获利退出者减少，导致民营私募股权基金来源趋于枯竭。

三是私募股权市场发展的对策建议。

第一，确保上市审核标准的稳定性，放开科创板第五套标准上市通道。应该尽快放开第五套标准上市通道，允许未盈利的生物医药等高科技企业在 A 股市场上市融资。未来关于 IPO 审核尺度的调整应谨慎进行，应充分评估其对一级私募股权市场的影响。

第二，调整地方政府及地方政府基金的考核标准，将对全国高科技企业的支持纳入关键考核指标。相关部门可以通过数据分析，量化地方政府基金对全国高科技企业进步和关键技术专利申请的影响，并将其纳入地方政府的政绩考核体系。通过考核标准，调整引导地方政府基金超越地方利益局限，关注全国经济的整体发展。

第三，降低散户投资者在股票市场的参与度，推广封闭式基金。健康的二级市场是私募股权基金投资的基础。据统计，我国现有 2.2 亿户散户股市参与者，占总人口的比重约为 15%。这些散户投资者，虽然人数众多，但其投资额占股市总投资额的比重较少。2019 年《中国家庭金融调查报告》显示，散户的年收入中位数为 13 万元，25 分位数为 7.6 万元。考虑到 2019 年散户投资者占总人口的比重约为 10%，预估目前散户的年收入应更低。这些散户的收入显然无法支撑其承担过度的风险。大量学术研究表明，散户投资者会过度关注股市短期表现。我国股票市场长期追求的慢牛、窄幅波动的指导方针，以及非常严苛的退出要求，很多是出于对散户投资者的保护，但这些指导方针在很大程度上背离了股票市场的底层逻辑，限制了股票市场的健康发展。投资者教育固然可以解决一定的问题，但是想从根本上改变还是应该发展专业的机构投资人，让他们向散户投资者提供投资服务，专业的人做专业的事。

建议推广封闭式基金，基金封闭期内不可赎回，但可以在二级市场上交易。这样投资者可以通过买卖基金份额实现资金流动，而基金管理人则能专注长期投资，减少短期业绩压力。从买卖股票，改为买卖基金，可隔离股民与实体企业的直接关联，从而避免因股民情绪波动而造成对政策的过度干扰。

第四，明确区分"欺诈行为"与"正常经营和研发风险"，对前者加大处罚，对后者应更加宽容。一方面，对于财务造假、欺诈等违法行为，必须给予严厉的惩罚。尽管经过修订的《中华人民共和国证券法》提高了证券违法的罚款上限，但对于财务造假等严重违法行为的处罚力度仍须加大。另一方面，要接受正常的研发和经营风险。然而，高科技企业的特性决定了其面临着较高风险，存在着较高的失败比例。这种失败并不代表欺诈行为的存在。要容忍高科技企业在研发过程中面临的正常风险，为创新提供足够的空间和支持。

综上所述，发展新质生产力的重要推动力是创新，而创新需要政府与市场力量的有机结合，做到"政府找方向，市场搞创新"，实现自上而下与自下而上的有机结合。在金融支持创新方面，需要重视私募股权融资市场的发展，推动政府基金的引领作用以及市场化的监督作用。建议调整地方政府及基金的业绩衡量标准，纳入促进全国高科技企业发展的衡量指标；确保IPO审核标准的稳定性，尽快放开科创板第五套标准上市通道；大力发展二级市场上的长期机构投资者，推广封闭式基金，减少散户投资者对股市的直接参与。

第五部分

兼顾区域产业协调，提升资源要素配置效率

优化生产要素的空间配置和城市空间结构以释放新质生产力

张庆华

本文从区域和城市经济学的视角，阐述通过优化生产要素的空间配置和优化城市经济的空间结构，以促进创新、充分发挥集聚效应、释放经济发展新动能。本文将从要素市场的空间配置效率、城市系统的人口规模分布以及城市内部空间结构优化三个方面进行论述。

提升要素市场的空间配置效率，
促进全要素生产率增长

新"质"生产力的内涵是提质增效，是生产要素的创新配置。无论是对生产要素的优化组合，还是促进先进生产力的发展，对已有生产要素进行更有效的配置都是一个重要的前提条件。有效配置是创新性配置的基础，只有在统一大市场的框架下让各类要素充分流动，政府"看得见的手"才能通过政策手段，使要素向创新型产业集中，在实现有效配置的同时实现创新性配置，进而释放创新性生产力。

我国要素市场存在空间错配

劳动力、资本和土地等生产要素在空间上的有效配置，对于促进创新、提高全要素生产率、释放新质生产力极为重要。我们基于最新的微观层面的数据的实证分析表明，由于要素市场的不完善，我国生产要素存在一定的空间错配问题。

首先看劳动力市场。新质生产力的关键是创新，而创新的重要要素就是人才。许多针对创新的研究都表明，人力资本的空间集聚能够带来显著的集聚效应，推动生产效率的提高并促进创新的产生。但是根据第七次全国人口普查数据的测算表明，我国城市间移民的效用损失很高，这意味着较高的移民成本；我们还发现移民成本很大程度上源于跨省界的移民壁垒。这些壁垒的存在，阻碍了劳动力的空间流动，不利于集聚效应的充分发挥。利用人口普查微观数据计算的 2020 年我国各地级市移民进入便利度显示，移民成本存在很大的空间差异。环渤海、长三角和珠三角城市群相较中部城市而言更加包容开放。图 11-1 展示了全国各城市进入便利度与人口规模的关系，进入壁垒越低的城市，人口规模越大。

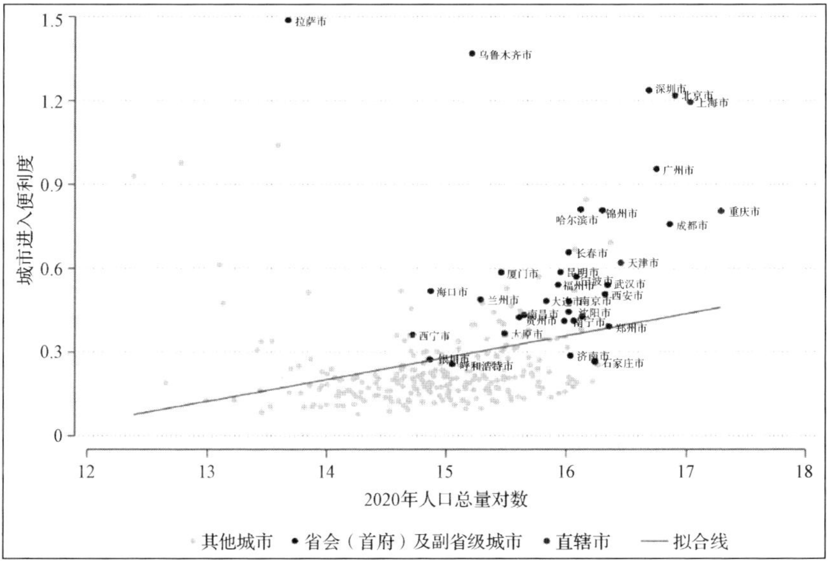

图 11-1　全国各城市进入便利度与人口规模

资本要素在我国各城市间的分配同样存在着差异。国有银行对行政等级更高的城市以及部分工业城市更加青睐。这种隐性优势造成资本成本在空间上的不均，使得资本的空间有效配置受阻。利用全国企业税收调查数据，我们的实证研究证实：人口规模较大的直辖市、省会（首府）、副省级城市等的资本成本相对较低，而人口规模较小的普通城市的资本成本则相对较高。图 11-2 展示了我国不同区域、层级的城市资本成本与人口规模的关系，反映了我国资本市场目前的真实情况。

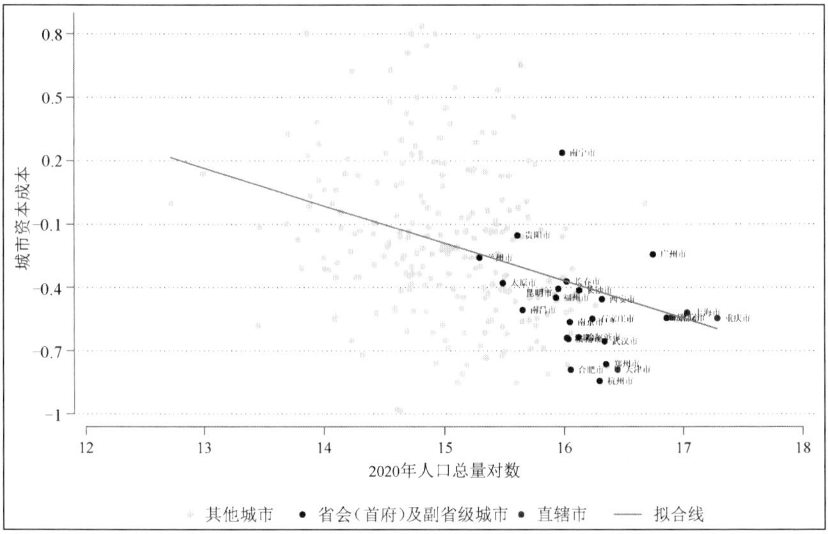

图 11-2　全国各城市资本成本与人口规模

在土地市场上，不同用途的土地特别是住宅用地和工业用地市场是分割开来的。政府在出让土地时会规定土地的用途，而这种规定时常不符合市场的供需状况，而土地一经出让，就很难改变其规定的用途。在发展"土地财政"的背景下，地方政府经常通过供给更多、更便宜的工业用地来吸引企业、招商引资，进而促进 GDP 的增长。然而，这种地方政府间的"锦标赛"竞争，不仅极易导致对工业基础设施的过度投资，还会挤压居住地供给，导致住房价格的上涨。过高的房价会增加年轻人落户的成本，从而影响人才在当地的集聚，进而影响创新的产生。我们利用 2015—2022 年中国微观土地交易数据来估算每个城市住宅与工业用地的特征价格之比，该比例捕捉了土地在住宅和工业用地之间分配的真实情况。如果政府补贴工业用地，则该比例大于 1。图 11-3 表明，东部、南部沿海地区的住宅用地和工业用地价格之比明显大于 1，且高于中西部地区。此外，直辖市、省会（首府）、副省级城市等人口规模大的城市的住宅用地和工业用地价格之比也明显高于1，且高于同省内的其他一般城市。这反映了政府管理下的土地市场在不同区域、不同规模城市之间存在的差异，揭示了非市场化力量造成的土地在不同用途之间分配的差异。

此外，工业用地占我国所有新增土地供应的 50%以上。工业用地在不同产业之间的有效配置对于生产效率的提升有着重要的意义。大量的文献表明，由于当前工业用地市场机制不完善，土地的出让价格没有反映其真实的市场价值，在这样的情况下，土地往往没有分配给最能有效利用它的企业。更有甚者，由于地方政府之间通过土地来招商引资的竞争，还容易造成地区间产业重复投资建设的情况。这种错配降低了土地的利用效率，不利于形成和地方比较优势相匹配的产业集聚，阻碍了地方全要素生产率的增长。这也部分解释了现有文献研究发现我国的产业集聚程度相对其他发达国家来说较低的原因。

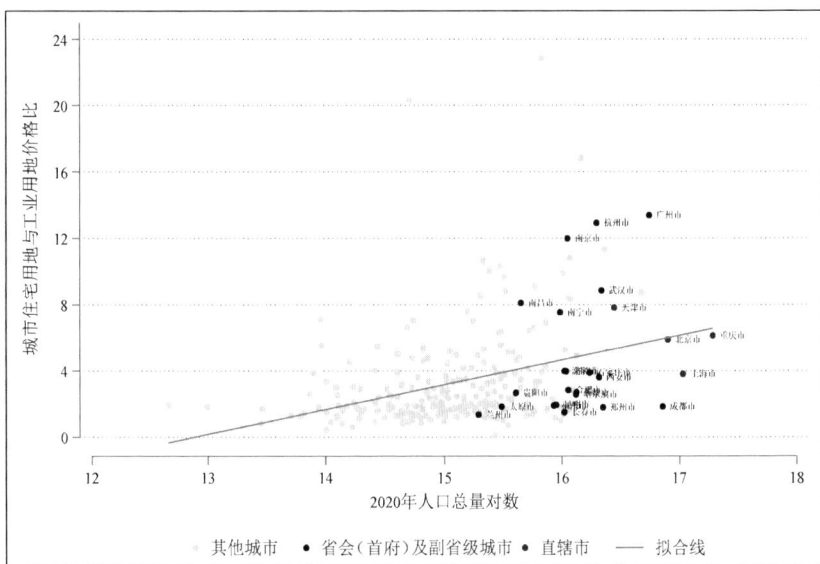

图 11-3　全国各城市住宅用地与工业用地的特征价格比与人口规模

优化生产要素空间配置的路径探讨

本文进一步深入探讨优化生产要素的空间配置的政策路径。总体而言，推动建设和完善全国统一大市场对提升生产要素的空间配置效率十分必要，是发展新质生产力的重要抓手。笔者的研究建立了一个符合我国国情的空间一般均衡模型，并且基于翔实的最新数据对模型进行了参数估计和校准检验，并运用该模型做数值模拟，对要素市场的相关改革政策进行综合评估。

本研究发现，如果资本市场实现一体化，取消对省会（首府）和副省级城市的政策优惠，那么总产出、员工福利和资本实际收益分别会增加 0.79%、8.68%和 7.77%（相较基期）。如果在资本市场改革的基础上再调整地方政府的激励机制，从而消除一味地追求 GDP 所导致的住宅用地和工业用地的价格差，使得土地在住宅和工业用途之间更合理地分配，那么员工福利和资本实际收益相对基期分别会增加 15.61%和 15.99%。虽然总产出会略微下降，但是，与此同时我们也注意到，只有资本和土地市场的改革会带来区域间不平等（以各地区居民福利的方差衡量）的较大增加，并且总产出和有效劳动供给的变化也并不显著。

进一步开展劳动力市场的改革能显著提升总有效劳动供给，对于生产效率、福利和区域协调发展具有重要影响。如果我们降低直辖市、省会（首府）和副省级城市等大城市的移民门槛，那么大城市的高生产率和集聚效应得到发挥，而总产出将明显提高，相较基期增加 5.42%，而且劳动力市场的一体化将使得总有效劳动供给相对基期提高 8.61%，员工福利相比基期增加 14.73%，而资本实际收益则上升 17.53%。区域不平等程度则相较只进行资本和劳动力市场改革的情况明显下降。如果提升跨省移民的便利程度，则我们发现总产出和总有效劳动供给都将明显增加，相较基期增幅分别达到 4.72% 和 11.48%。员工福利和资本实际收益相较基期分别会增加 11.78% 和 11.9%，并且区域不平等的下降最为显著。这可能是由于跨省移民变得便利，促进了全国范围内统一劳动力市场的建立，这对于效率提升和区域不平等改善都大有裨益。

最后，对于我国这样一个制造业强国，为实现产业深度转型升级，形成高质量的产业空间集聚十分重要，在这个过程中，工业用地的有效配置将起到至关重要的催生作用。而其关键在于设计合理的工业用地分配机制，将政府看得见的手与市场看不见的手有机结合。我们的研究发现，推动工业用地出让过程更加公开化、透明化，并且引入预申请制度，能够有效地激发竞争，使土地得以分配给与当地比较优势更匹配的企业，促进新企业进入各地区具有生产比较优势的产业，最终使产业在有生产比较优势的地区集聚，形成高质量的产业集群，并通过进一步的集聚效应，提升全要素生产率。

城市系统人口规模分布的合理化与生产效率

经典城市经济学理论认为，一方面，城市人口规模的增长能带来集聚效应，通过共享公共品、分散风险、增加中间品的多样性、提高劳动力搜索匹配的效率，以及促进城市内厂商和工人的信息交流与学习、激发创新等机制，提高城市的生产效率；另一方面，城市人口规模的增长也会带来诸如交通拥堵等问题。由于存在集聚效应的正外部性与拥挤效应的负外部性这一对矛盾，因而，随着城市人口规模的增长，城市的人均产出水平呈现"先增后减"的倒"U"型曲线。该曲线的峰值所对应的就是城市的最优规模，过大或者过小都会造成效率损失。因为不同的城市有着不同的产业结构、空间结构、治理水平等，这条倒 U 型曲线的形状是不一样的，所以不同的城市有不同的最优人口规模。更为合理的城市规模对于推动城市内各类要素有效集聚与分布、提升城市生产效率有着重要的意义。

我国城市系统人口规模分布现状和问题

我们利用 2020 年第七次全国人口普查数据、各项城市经济指标和其他空间大数据进行实证分析，测算出我国 212 个主要地级城市的最优城区人口规模（基于人均 GDP 而言的最优，因而可以理解为生产效率的最优），然后用一个城市的实际城区人口规模与其最优人口规模的比值来度量该城市的人口规模合适度。表 11-1 显示，2020 年我国 212 个城市中超过 80%的城市规模合适度小于 0.5，仅有上海、北京、成都、广州、佛山 5 个城市的城市人口规模合适度大于 1。

表 11-1　全国城市人口规模合适度统计

规模合适度 s	城市数量/个	占比/%
$s<0.1$	55	25.94
$0.1 \leqslant s<0.2$	80	37.74
$0.2 \leqslant s<0.5$	55	25.94
$0.5 \leqslant s<1.0$	17	8.02
$s \geqslant 1.0$	5	2.36

注：该表展示了不同规模合适度的城市的数量和在全部样本中的比重。

为进一步考虑城区人口规模不合理带来的效率损失，表 11-2 描述了按照城区实际人口规模从小到大排序，不同百分位城市的平均效率损失。从表 11-2 中，我们发现效率损失最大的是人口规模最小的 20%百分位的城市。随着人口规模增大，平均损失会逐步减小，这表明当前大量小城市人口集聚不足是造成效率损失大的主要原因。表 11-3 表明约 30%的城市效率损失处于较高水平。

表 11-2 城市的平均效率损失

城市人口规模百分位 p	平均人口规模/万人	平均效率损失/%
$p \leqslant 20\%$	60	52.76
$20\% < p \leqslant 40\%$	92	48.45
$40\% < p \leqslant 60\%$	132	45.63
$60\% < p \leqslant 80\%$	202	39.17
$80\% < p \leqslant 100\%$	550	21.42

注：该表为样本城市人口规模分布从小到大的不同百分位对应的平均人口规模和对应的平均效率损失。

表 11-3 城市的平均效率损失分布

城市效率损失水平 e	城市数量/个	数量占比/%
$e \leqslant 10\%$	5	2.36
$10\% < e \leqslant 30\%$	35	16.51
$30\% < e \leqslant 40\%$	52	24.53
$40\% < e \leqslant 50\%$	58	27.36
$e > 50\%$	62	29.25

注：该表为样本城市效率损失从小到大的不同水平对应的城市数量和数量占总样本的比重。表中的百分比为约数，所以总和不为 100%。

在空间一般均衡框架下，我们进一步预测了要素市场改革后的各个城市的城区人口规模，以及相应的人口规模合适度。图 11-4 展示的是要素市场改革前后我国城市系统人口规模合适度的分布图。结果表明，要素市场改革后，人口规模严重偏离最优规模（也即规模合适度 <0.2）的城市数量大幅减少，而接近最

优规模的城市数量显著上升。这表明要素市场改革会显著改善当前我国大多数城市城区人口规模不足的情况，有助于城市系统的人口规模分布更趋于合理化。

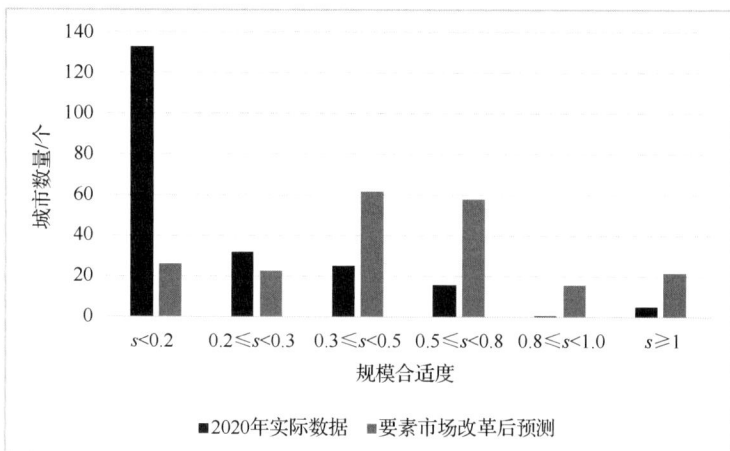

图 11-4　要素市场改革前后城市城区人口规模合适度对比

注：深色柱为 2020 年实际数据统计的样本中不同规模合适度的城市数量，浅色柱为要素市场改革后的预测情况。

优化城市内部空间结构、
促进创新和城市可持续发展

城市空间结构指的是城市内部人口和经济活动的空间分布模式。改革开放以来，我国城市的空间结构发生了深刻变化。合理的城市空间结构，有利于更好地发挥城市集聚效应，激发创新，降低由交通拥堵和环境污染所带来的负外部性成本，这对于提升生产效率、释放经济发展新动能和促进可持续发展具有深远的意义。

城市内部空间结构和创新的关系

发展新质生产力需要提高科技成果转化和产业化水平，需要坚持以企业为主体、市场为导向、产学研用深度融合。什么样的城市空间结构能更好地促进创新呢？我们认为，应该发展更便利于城市内的创新主体（高校、科研机构和企业）之间形成合作交流网络的空间结构。交通基础设施网络的设计可以是一个抓手。利用高校和地铁站点的微观地理空间数据、各类专利申请数据，本研究发现，伴随着城市内部地铁交通设施的完善，高校周边地铁开通后高校专利申请数量出现显著增长。另外，地铁的开通促进了高校之间的专利创新合作，同时也加强了高校和企业之间的产学研合作。开通地铁所带来的交通便利不仅扩展了创新合作网络的空间范围和合作主体数量，还推动了高校更多地与创新能力更强的企业匹配并开展合作。

与此同时，消费便利性日益成为现代城市的重要功能。我们认为，合理规划城市商业和服务设施的空间分布，将会给创新的微观主体提供便利的交流空间和设施，进而对创新产出发挥积极的推动作用。以上海为例，2010—2020 年不管是交通设施方面，还是商业和消费性服务方面，这个国际大都市都取得了显著提升。与此同时，上海市高校和企业合作申请专利的网络空间显著扩大，网络的密集度也在显著提升。

一个城市的创新能力越强，该城市可持续发展的潜力越大。如果以城市专利申请数量度量城市的创新水平，我们发现城市创新水平的提升可以显著提升城市城区可容纳的最优人口规模，这揭示了创新带来的集聚力量可以有效提升产出效率，进而增大城市的人口承载力，如表 11-4 所示。

表 11-4　不同创新水平下的最优人口规模

城市专利创新标准化价值	10	8	6	4	3	2
最优规模/万人	709	673	626	561	514	448

城市内部土地资源的规划利用和生产效率

充分、全面、高效地释放新质生产力，不仅需要促进城市间市场一体化，还需要不断优化城市内部空间结构。在这一点上，土地的开发规制是重要抓手。土地的开发规制将对城市内部人口和经济活动的空间布局产生深远的影响，进而通过集聚效应的正外部性和拥堵效应的负外部性，影响生产效率和居民福利。

目前，我国城市内部的土地和空间资源存在错配的情况，这和一些不合理的土地开发规制有关。例如，很多地方发展"土地财政"，管制土地用途，补贴工业用地，造成住宅用地与工业用地之间的价格差，并且在城市内部越适合居住的地区（也即不那么适合生产活动的地区）补贴力度越大，这种错配不利于发挥城市内部各区位的比较优势，会造成效率损失。此外，容积率规制在城市内部那些适合生产或居住的有吸引力的区位反而越严，这造成这些区位的空间需求（生产或居住需求）得不到满足，房价高涨，抑制了生产活动和住房消费。调整土地的开发规制，能够优化土地空间资源的利用，促进城市内部人口和经济活动的合理分布与集聚，提升生产效率，减少拥堵和提高居民福利。

近期，我们以上海为研究对象，将翔实的微观数据与空间一般均衡模型相结合，通过反事实分析的方式评估了调整土地的开发规制后的综合影响。研究发现：在给定现有空间资源的前提下，如果让市场力量引导土地在工业用途与住宅用途之间的分配，那么就可以有效发挥城市内部不同区位的比较优势，使得居民福利提高 9%；如果合理地调整容积率规制，让开发商能更自由地根据市场信号来决定土地开发的容积率，那么城市内部适合生产或居住的区位会吸引更多的工作机会或居住人口，从而增强集聚效应。由此带来的生产力提升可以显著增加劳动者平均工资，并降低拥堵成本，最终使得居民福利（相比于基准情形）提高 13.5%。

优化城市内部行政区划，提高全要素生产率

党的十八大以来，习近平总书记高度重视我国行政区划优化问题，强调"行政区划本身也是一种重要资源，用得好就是推动区域协同发展的更大优势，用不好也可能成为掣肘"。这一重要论述，是对行政区划的功能和地位的全新概括，是认识论上的一种提升。面对当前城市扩张空间不足与经济转型的双重约束，地方政府如何突破传统行政区划界限，优化基层行政区划设置，释放城市的成本优势和集聚效应，进而推动城市经济高质量发展，这是当前亟待解决的问题。

在此背景下，我们将视角聚焦于城市内部区县之间的边界调整，该调整多在街道层面进行。通过地理编码和企业经纬度信息，我们将工业企业数据与区界重组（District Border Adjustment，DBA）政策相匹配，研究发现：区界重组对企业生产效率具有显著的正向作用，受影响区域的制造业企业的全要素生产率平均提升 3.3%。如果用灯光强度衡量经济活跃度，那么与未调整的街道相比，已调整边界的街道在区界重组之后经济活跃度增加了 3.4%。我们认为，背后的经济机制如下。

第一，区界重组有效消除了行政壁垒，增加了高质量基础设施等公共服务的供给，从而降低辖区内企业生产成本。平均而言，区界重组能帮助企业降低 3.7% 的管理成本和 4.2% 的差旅费用。

第二，区界重组优化了产业集聚的空间承载力，进一步放大了集聚效应，从而引领地方产业高质量增长。如果在调整前，某地区已经形成产业集群，那么与该产业集群有关的企业在划归该地区管辖后，这些企业会额外获得 12.1% 的 TFP 增长。因为在区界重组后，这些企业将享受到新管辖地政府针对产业集群的税收减免和资金支持，从而有更多的资本投入研发，这也进一步促进了重组街道所在区县的专业化分工。

第三，区界重组提高资源空间配置效率，缓解城市核心区域发展空间不足、"有钱没地、有地没钱"的困境，从而释放经济增长潜能。特别是高经济密度城区可以通过区界重组在空间上拓展边界，获得更多的土地资源。在这一特定区界重组类型中，位于调整边界上的企业 TFP 增幅最大，并且所涉及的企业也最多。

政策建议

新质生产力代表先进生产力的演进方向，是由技术革命性突破、生产要素创新性配置、产业深度转型升级而催生的先进生产力质态。从区域和城市经济视角，发展新质生产力应从以下几方面着手。

一是推动要素市场配置更高效和全要素生产力的提升。健全多层次资本市场体系，进一步促进劳动力的自由流动，完善城市基本公共服务均等化，推动地方政府转变过去唯 GDP 的施政方针，使土地在工业和居住两种用途之间进行更为有效的配置，着力提升居民的福利水平，从而吸引各地的人才，激发创新，进一步为新质生产力的释放赋能。并且，还要改革工业用地的分配机制，促进高质量的产业集群的形成，提高全要素生产率。

二是优化城市系统，促进城市人口规模分布合理化。首先，前述我国 212 个主要地级城市的实际城区人口数总计为 4.42 亿，而全市（包含城区和周边郊区县）人口数总计为 10.65 亿。因此，对于绝大多数实际城区规模小于最优规模的城市而言，要进一步加强全市域范围内的城市化发展，推动基本公共服务均等化，充分吸纳本地或跨区域农业转移人口，变"土地的城镇化"为"人的城镇化"，从而有效推动城市城区范围之外的人口向城区集聚，推动城区规模的合理化，提升生产效率。其次，积极发展都市圈，发挥中心城市对外围城市的溢出效应，通过周边的连片发展，一方面合理降低中心大城市的过高密度，另一方面对于实际规模小于最优规模的大多数中小城市，帮助其承接中心大城市的转移产业和工作岗位。此外，要素市场的一体化有助于劳动力和资本的自由流动，会促进形成人口规模分布更为合理的城市系统。

三是优化城市内部的空间布局。具体包括：通过优化行政区划，加强区域间与区域内的合作与协调；促进资源要素的自由流动和高效配置；加强信息共享和资源整合，推动城市内部的协调和政策一体化发展；根据城市的发展需求和居民的生活需求，合理划分不同的功能区，进而有针对性地规划和设置容积率，提升不同区位条件的土地利用效能。

四是进一步完善城市内部的交通基础设施，发展更便利于城市内的创新主体（高校、科研机构和企业）之间形成合作交流网络的空间结构，进而提升城市的创新能力，培育新兴产业，促进产学研用融合发展。

"乡村 CEO"：创新人才返乡机制助力实现乡村振兴

周黎安

乡村要振兴，人才是关键。

近年来，浙江、广东等地的基层政府积极探索聘请"乡村CEO"的计划，引入懂农村、善经营、会管理的专业人才或团队参与乡村经营和建设，取得良好效果。这一创新实践对于全面推进乡村振兴具有多方面的意义，但同时也面临着人才供给不足、村"两委"与"乡村CEO"权责关系难界定等问题。

为进一步完善、推广"乡村CEO"聘用制度，振兴我国广大乡村，本文着重分析了该模式在推动乡村发展中的重要性和实践成效的认识，同时提出了进一步完善该模式的政策建议，通过政府、社会、企业等多元主体的积极参与、形成合力，引进、培育和选拔优秀人才，共同助力乡村振兴继续走深走实。

乡村振兴，关键在人

党的十九大报告明确作出实施乡村振兴战略的重大决策部署。作为我国建设社会主义现代化强国的重要战略构想，乡村振兴是包括产业振兴、人才振兴、文化振兴、生态振兴、组织振兴等各方面的全面振兴。其中，人才振兴是关键。习近平总书记指出"人才振兴是乡村振兴的基础"，强调要"打造一支强大的乡村振兴人才队伍，在乡村形成人才、土地、资金、产业汇聚的良性循环"。党的二十大报告中提到："加快建设农业强国，扎实推进乡村产业、人才、文化、生态、组织振兴。"2024 年中央一号文件《中共中央 国务院关于学习运用"千村示范、万村整治"工程经验有力有效推进乡村全面振兴的意见》明确提出"壮大乡村人才队伍"，指出要"实施乡村振兴人才支持计划，加大乡村本土人才培养，有序引导城市各类专业技术人才下乡服务，全面提高农民综合素质"。显然，2024 年中央一号文件进一步强调了人才振兴对乡村振兴的重要意义，同时对乡村人才队伍建设提出了更高要求。

在我国乡村地区，目前以人才振兴带动乡村产业振兴的渠道主要有两个：一是依靠乡村能人（通常是德才兼备的村支部书记）带领全村村民通过兴办特色产业或高附加值农业致富；二是吸引大学生、退伍军人或农民工返乡创业。这两个渠道的人才对乡村振兴都发挥了重要作用，但各有局限性。第一，对于大多数村庄来说，有乡村能人起带领作用是可遇而不可求的。改革开放以来，随着工业化、城镇化和市场化的快速推进，乡村青壮年劳动力大量外流，村庄人才存量骤减，村干部多由中老年人担任。尽管他们在乡村治理方面积累了一定经验，但由于与外部世界交互的机会不多，学习掌握新知识的能力不足，因此他们很难满足发展特色产业和现代农业所需具备的专业素质要求，与实施乡村振兴的新政策衔接得不够。即使偶有综合能力过硬的乡村能人带领村庄成功致富的案例，也很难形成能在其他村落推广的可学习、可复制的模式。第二，现有的鼓励人才返乡参加乡村建设的各类措施，更多依赖于返乡人员的家乡情结。然而，由于缺乏完整、有效的制度支撑，这些措施对于具有产业经营能力的管理人才吸引力有限，无法形成系统性的再生过程，这使得其人才供给量通常很难满足需求。因此，在传统的乡村人才队伍建设实践中，具有产业经营能力的管理人才供给不足的问题尤为突出，产业振兴和乡村振兴依然面临着严峻的人才瓶颈。

"乡村 CEO" 尝试 取得初步成效

近年来，在国家层面出台一系列促进乡村人才振兴政策措施的背景下，浙江、云南、重庆、四川、广西等地的基层政府尝试将"乡村 CEO"计划作为探索乡村经营的重要抓手，面向全国招聘农村职业经理人（俗称"乡村 CEO"），鼓励本土的和返乡的相关人才从事专门的乡村经营工作，引入懂农村、善经营、会管理的专业人才或团队，取得了良好成效。"乡村 CEO"吸引了来自不同地区、具有一定职场或创业经历的年轻人，其主要职责是乡村的产业经营、招商引资、和美乡村建设等管理工作。政府对其工作进行年度考核，并支付市场化薪酬（比如底薪+绩效奖励）。随着"乡村 CEO"模式的兴起和规模的扩大，作为一个新兴的职业群体，"乡村 CEO"们正在充分运用自身的专业知识、管理经验、市场眼光和内生动力，在带动村民、村集体、村庄乃至更大区域发展的事业当中发挥着越来越重要的作用，其中涌现出一批典型的实践案例。

何永群是一位来自云南省迪庆藏族自治州的纳西族女性，她是在云南省昆明市呈贡区万溪冲社区开启其"乡村 CEO"之路的。何永群创业经验丰富，研究生期间她曾开办过两家创业培训机构。2015 年毕业后，她选择回家乡创业，并通过养殖豪猪带动 3000 多户贫困户脱贫，因此得名"豪猪妹妹"。2021 年，何永群通过云南省组织部的"万名人才兴万村"计划成为万溪冲社区的"乡村 CEO"，为当地发展提供专家指导。为响应国家 2018 年关于劳动教育的各类法律法规，弥补城市教育中劳动教育缺失这个短板，她提出了依托村庄自身的自然环境、交通优势、土地资源等，盘活万溪冲社区 65 亩闲置集体土地，打造大中小学生校外劳动教育实践基地的方案。通过对闲置土地的升级改造，何永群以"五谷良田"作为品牌名称，成功帮助村庄打造起一个集农耕文化、教育科普、户外团建、亲子活动、休闲娱乐于一体的多功能园区。与其他"乡村 CEO"受聘于某家公司不同，何永群选择出资成立公司，与村合作社签署长期合作协议。自 2021 年 10 月以来，何永群组建起由 10 余名返乡创业大学生组成的团队，直接带动 40 余名社区村民就地就业，全年带动季节性用工 400 余人，项目至今创收达 500 余万元，为村集体增收 160 余万元。在利益分配模式上，何永群采取了与合作社五五分成的方式，合作社根据村民以土地等固定资产投资入股的情况向村民派发红利，确保村民能够从项目中获得实际收益。这种合作方式不仅促进了村集体经济的发展，也增强了村民对乡村振兴工作的认同感和参与度。万溪冲社区从一个宁静村落变身为"网红"小镇，成为昆明市"乡村 CEO"计划助力乡村振兴的一个缩影。

无独有偶，在广西壮族自治区桂林市龙胜各族自治县马海村，蒙艳辽的故事同样成为"乡村 CEO"带动乡村振兴的一道亮丽风景线。2022 年 5 月，广西壮族自治区桂林市龙胜各族自治县"共富乡村建设项目"正式启动，马海村成为试点示范村。在此契机下，蒙艳辽这位从马海村走出去的创业者，凭借其在旅游服务与管理领域的专业知识和从业二十多年的丰富经验，经过层层选拔，成为马海村四名"乡村 CEO"之一，负责村里的农业文化旅游业态经营，从此开启了一段不同寻常的职业旅程。蒙艳辽充分发挥马海村的自然资源和壮族文化优势，提出一系列创新发展策略，把马海村打造成一个集观光农业、特色种植和农文旅新业态于一体的综合业态中心。在她的带领下，马海村不仅建设了梯田水稻观光农业基地、国家地理标志产品马海辣椒种植基地，还投入运营了村史传习馆、古法造纸馆、梯田山居、马海露营等十多个农文旅新业态，并通过马海村云服务小程序等数字化工具提升马海村的品牌影响力和市场对接能力。她组建的"小嫂子艺术团"，将村内的留守妇女聚集起来，发挥她们本身能歌善舞的优势，通过音乐节等文化艺术活动吸引游客，进一步提高了村庄的吸引力。蒙艳辽的运营工作取得了显著成效，这些项目不仅保护和传承了当地的文化遗产，也为村民开辟了新的收入渠道，让马海村集体收入在一年半的时间内从 1.2 万元增长到 33 万元。在此过程中，她还通过鼓励当地村民参与，直接带动他们获得 100 万元的各类收入。通过各类活动，马海村获得了更高的知名度，整个村庄和村民们的精神面貌都发生了很大的变化。马海村的成功转型，不仅改变了村民的生活，也为其他乡村提供了可借鉴的发展模式。

随着"乡村 CEO"群体规模的扩大，有些乡村职业经理人逐渐开始把资源整合的市场思维带进产业发展的实践当中，搭建起一些"乡村 CEO"联合体，并探索出了"乡村 CEO"抱团发展的新道路。田一检是一位毕业于四川农业大学林学院的年轻人，2020 年他响应乡村人才返流号召，回到老家重庆市彭水县太原镇，应征区阳村本土人才。2022 年他参加"乡村 CEO"培养计划，接受了系统培训，内容包括农业理论知识的讲解、成功企业 CEO 的经验分享、农村合作社运营与管理的案例分析等。在培训过程中，田一检意识到，要让乡村富起来，需要引进现代的商业思维和管理经验，为乡村产业找到可持续且可复制的发展模式，以统筹和激活乡村现有资源。区阳村拥有天然优质的蜜源，村民多从事蜜蜂养殖产业，但在小而散的粗放经营模式下，大量蜂蜜滞销，难以变现。针对这个产业发展难题，他根据培训中学到的知识，自行设计蜂蜜产品并搭建网络销售渠道，带领当地蜂蜜产业走精细化发展道路。在与共同参加培训的"乡村 CEO"同学交流后，他发现很多依托于农业的乡村都存在产品销售难的问题，于是联合二十多名同学共同开创了"乡村 CEO 甄选"平台，希望将各自所在乡村的农特产品进行整合，通过平台实现集中销售。目前"乡村 CEO 甄选"小程序已试运营一年，虽然在客户体验和数据处理上还存在很多亟待解决的问题，但已初步显现出货品数量和多样性的规模效应。

总结上述案例，我们可以看到，"乡村 CEO"计划的实践探索在鼓励人才下乡的各个环节均提供了丰富的解决方案。在开发 "乡村 CEO" 人才来源方面，一方面可以通过当地政府发布相应人才计划的方式，吸引外流专业人才返乡参与乡村建设；另一方面也可以通过培训等方式为本土人才赋能，激发本土人才的内在动能，帮助有潜力的乡村留守人才成长为内生型本土 "乡村 CEO"。与此同时，通过完善相关制度，很多外地人才也会加入到乡村产业振兴的行列中。在产业发展团队建设方面，既有创业经验丰富的专业人才带领团队入驻乡村兴办特色产业的优秀案例，也有 "乡村 CEO" 结合本土资源、创新发展模式、吸纳本土留守村民加入团队，共同发展起家门口的产业的成功经验。在与村集体的合作形式与利益分享方面，几种创新模式（担任指导专家为村集体发展提供方案；受雇于村集体企业拿基本工资与绩效；成立单独的公司与村集体建立合伙关系并共享利益；等等）都为我们提供了可行的参考样本。随着一些 "乡村 CEO" 联合平台体系的成功搭建，各地 "乡村 CEO" 之间的交流学习变得更加便利，这很有利于这个新型职业群体从乡村产业发展共性的角度出发，找到更多合作机会、挖掘更多发展智慧。

在实践中，还有很多 "乡村 CEO" 用自身的聪明智慧带领村集体和村民创业致富的成功案例。这些案例都展示了 "乡村 CEO" 们是如何通过市场化手段和创新思维来激发乡村发展潜力的。乡村振兴不仅需要政策支持和资金投入，还需要像何永群、蒙艳辽、田一检这样具有创业精神和专业能力的经营型人才来引领和实施。只有通过人才振兴才能带动产业振兴，继而实现乡村振兴。"乡村CEO"们之所以取得成功，关键还是在于他们能够结合乡村的实际情况，发挥当地资源优势，利用对城市需求的把握和自身的市场眼光，创造出具有特色的乡村发展模式。此外，他们很注重与当地乡村或社区紧密合作的重要性、利益分享模式的合理性，从而激发出村民参与的内生动力，这也是确保乡村振兴项目可持续发展的关键。

基层创新实践 意义重大

"乡村CEO"聘用制是源自基层政府的创新实践，这种制度化、专业化、职业化的乡村人才引进模式，对于全面推进乡村振兴，具有多个方面的意义。

第一，招聘"乡村CEO"突破了聚焦本土性人才返乡的传统思路，开辟了人才下乡的市场化渠道和机制，为人才振兴助力乡村振兴提供了重要抓手。"乡村CEO"制度通过提供具有明确岗位职责、工作要求的职业选择，面向全国公开招聘、广揽人才，并通过严格考核和市场化薪酬，吸引并激励更多有乡土情怀同时希望成就一番事业的高素质人才选择这条道路，这是向乡村补充产业经营专业人力资源的关键措施。

第二，"乡村 CEO"制度有助于实现村集体组织的经济管理与非经济管理功能的适度分离，"让专业的人做专业的事"，改善乡村治理结构，壮大村级集体经济，为巩固并拓展脱贫攻坚成果和乡村振兴注入内生发展动力。乡村振兴的关键在于产业振兴，而产业振兴因涉及战略规划、品牌运作、市场营销、融资支持等诸多经营环节，专业性强。对于实践中通常对村庄进行综合管理的村干部来说，这非常具有挑战性，必须依赖专业化的产业经营人才。专门职务设计和晋升体系，能够将乡村的产业经营职能从综合治理职能中独立出来，让村支部书记等乡村能人能够更充分地发挥自身禀赋，配合专业经营人才完成与村民之间的协调沟通等管理服务工作，形成综合管理人员与专业经营人员各司其职的良性循环。

第三，如果"乡村 CEO"计划能够广泛实行，那么就有望在全国形成一个跨地区的专门服务乡村的职业经理人市场。这既能扩大年轻人的就业渠道，创造新兴职业群体，又能引导和鼓励各类城市人才下乡，促进人才等优质生产要素由向城市的单向聚集转为城乡间双向流动，推动城乡融合发展。"乡村 CEO"通常具备较强的市场洞察力和创新能力，能够根据市场需求和乡村实际情况，引入或发展适宜的产业项目。通过这些项目的实施，不仅能够吸引城市中的技术、资金和管理经验等优质要素向乡村流动，还能为乡村居民提供就业机会，盘活乡村地区的闲置资源，促进乡村经济的多元化发展。

探索刚刚起步 困难与挑战并存

"乡村 CEO"计划虽然在部分地区已取得初步成效，为解决乡村经营性人才匮乏问题提供了一些成功经验和创新方案，但目前招聘"乡村 CEO"仍只是在少数地区先行先试，关于其制度的探索尚处于起步阶段，该计划的未来仍面临一些困难和挑战。

第一，作为一种新型职业群体，"乡村 CEO"的人才供给严重不足。在制度建设尚不完善的情况下，"乡村 CEO"计划面临选拔机制不清晰、职业发展体系不明确等问题。这些问题导致很多潜在的经营性人才望而却步。在那些部分已经试行的地区，人员流动大、团队拓展难、项目持续程度不高等问题依然存在，未来需要加大力度进行培育和推广，在提高计划的关注度、吸引力和可持续性等方面下功夫。

第二，如何界定村"两委"与"乡村 CEO"的权责关系是制度设计的核心问题。目前各地对于"乡村 CEO"角色定位的认识不清晰，如何处理村"两委"与乡村 CEO 的分工协作关系，在村集体经济组织清产核资的基础上如何厘清乡村 CEO 的贡献，这些问题的解决方案目前还处于早期摸索阶段，还未能提炼和总结出可借鉴、可复制的模式。

第三，合理设计"乡村 CEO"的薪酬待遇并提供各种配套支持政策，是吸引更多经营型人才的关键所在。当前这种基层政府单点式和自发性的尝试，导致各地"乡村 CEO"的薪酬福利差异很大，加之远离城市的环境也让下乡人才在社会保障、医疗教育、创业支持等方面面临着诸多不便，增加了这份职业的风险，不利于"乡村 CEO"计划的可持续发展，接下来要着力加强相应的政策保障和支持。

这些现实中的困难和挑战说明，推动"乡村 CEO"真正成为乡村振兴中的重要群体，还需要政府、社会、企业等多元主体的积极参与，形成合力，运用引进、培育和选拔优秀人才的有效抓手，助力乡村振兴持续走深、走实。

总结成功经验，完善"乡村 CEO"政策支持体系

为了进一步完善、推广"乡村 CEO"聘用制度，解决现有制

度存在的困难，建议从以下四个方面开展工作。

第一，系统研究和总结先行地区推行"乡村 CEO"计划的成功经验，供全国其他地区学习和借鉴。例如，成立专项调研小组，对全国范围内已经实施"乡村 CEO"计划的地区进行深入调查和研究。通过收集数据、访谈相关人员、实地考察等方式，全面了解各地实施情况、成效及存在的问题，重点关注取得显著成效的地区，总结分析其政策设计、实施过程、管理模式等方面的特点和优势，形成一套可供其他地区学习和借鉴的指南，鼓励地区间交流和合作。为进一步激励各地方积极探索和勇于创新，可考虑在一些已积累成功经验的地区设立国家层面的培育"乡村 CEO"的先进示范区，树立标杆和榜样，用成功实践模式产生示范引领效应，吸引更多地区和人才关注和参与"乡村 CEO"计划。

第二，鼓励地方政府、高校和企业三方联合，加大力度组织服务"乡村 CEO"的培训计划，为吸引、培养、孵化更多的经营型人才创造条件。例如，从涉农财政资金中划拨一部分专项资金支持"乡村 CEO"参与培训，因地制宜地在各地开展培训课程，为培养更多高质量乡村经营型人才提供经济支持；选择一些具有良好培训条件的高校和企业承办、组织"乡村 CEO"培训工作，将高校的理论研究成果和企业的实战经验带进课堂，为"乡村

CEO"计划提高品牌效应和知名度，吸引更多有潜力的经营型人才参与进来，建立起长效培养机制；发挥人才招聘平台的作用，通过专门开设"乡村 CEO"招聘通道，增加公众尤其是潜在人才对"乡村 CEO"这个新型职业的认知和理解，提升求职者与乡村人才需求的匹配度等。

第三，改革村集体经济的治理结构，厘清村"两委"与"乡村 CEO"的职责分工与协作关系，充分发挥"乡村 CEO"的专长。村"两委"作为村级组织的领导核心，主要负责村庄的政治和社会事务管理，而"乡村 CEO"则专注于乡村的产业经营、招商引资以及"美丽乡村建设"等经济活动。为"乡村 CEO"设置专门的职业通道，与大学生村官等农村后备干部的培养政策区分开，避免部分有公共服务理想的毕业生将其作为过渡性工作选择，吸引真正有志于产业经营的市场化人才加入，积极投身于乡村经济发展的事业中，长久地扎根于我国广袤的乡村大地。同时，要处理好村集体、村民和"乡村 CEO"团队三者的利益分配关系，建立公平合理的利益分配机制。在清产核资的基础上，科学评估"乡村 CEO"对村集体资产和收入的增值贡献，在保证村集体经济和村民利益的前提下，合理确定"乡村 CEO"的收入分成比例，实现村集体、村民和"乡村 CEO"团队的共赢局面。

第四，鼓励在县级政府层面上聘用"乡村 CEO"，并将他们优先派往村集体经济薄弱的地区。基层政府对辖区内各个乡村具体情况的把握更准确，能够确保把人才输送到最需要的地方。为免除"乡村 CEO"的后顾之忧、使其更加专注地投入工作，在支付市场化薪酬的同时，还应该为其提供必要的人才扶持政策（如住房、子女上学、社保缴费、金融扶持等）。通过完善相应的政策保障体系，可以增强"乡村 CEO"计划的吸引力，让"乡村 CEO"们愿意来、留得住、干得久，并将其个人的理想追求与国家的重大战略有机融合起来。

第六部分

扩大高水平对外开放，营造良好国际发展环境

在国际循环中发展新质生产力

唐　遥

面对"百年未有之大变局",中央在 2020 年提出了新发展格局,即以国内大循环为主体、国内国际双循环互相促进的发展格局。"双循环"的新发展格局要求中国用好国内国际"两个市场、两种资源"。对外开放是我国经济发展奇迹的重要成功经验之一。在新的国际环境下,开放不仅不能止步,还必须不断优化。

如何有效利用国际循环来发展新质生产力,是我国经济高质量发展的重要课题之一。发展新质生产力,需要通过深层次改革和高水平开放来更新生产关系。本文总结了我国参与国际循环的历史过程和发展趋势,并分析国际循环对新质生产力的投入和产出方面的影响渠道,进而提出在国际循环中发展新质生产力的重点方面。

我国参与国际循环的发展历程

自 1978 年中国经济对外开放以来，我国对国际循环参与度呈现一个"先增量、后提质"的过程。1980 年至 2008 年全球金融危机之前，我国采取了"两头在外、大进大出"的模式，通过大力引进外资和发展加工贸易，实现了引资规模和贸易规模的快速增长。自 2008 年以来，我国采取了一系列政策扩大内需，经济的内循环不断加强，贸易质量持续提升，引进外资的重点从制造业转向服务业；同时，出于对土地、劳动力、资源、技术、市场等因素的需求，我国的对外投资也得到了显著发展。

国际贸易的发展

我国已成为世界第一大贸易国。根据世界贸易组织（WTO）2022 年的数据，世界前五大贸易国依次为中国、美国、德国、日本和荷兰。当年，我国的出口额为 35930 亿美元，进口额为 27160 亿美元。在贸易金额方面，我国略微领先于美国，并显著领先于德国、日本和荷兰。

尽管贸易的绝对规模持续增长，但我国的进出口总额与 GDP 的比例，即贸易依存度，呈现先升后降的趋势。1978 年我国的贸易依存度仅为 3.2%，随后在整体对外开放尤其是加工贸易发展的推动下大幅提高。2001 年中国加入 WTO 前夕，贸易依存度上升到 22%。加入 WTO 后，我国的贸易依存度在 2006 年达到 64.5% 的峰值。

在 2008 年全球金融危机后，我国实施了数轮刺激内需的经济政策，降低了对外需的依赖，同时制造业的发展推动了对进口中间品的替代。这些因素推动了我国贸易依存度在 2023 年降至 33.1%，经常账户余额占 GDP 的比例为 2.1%，与 2006 年的 64.5%（贸易依存度）和 2007 年的 9.9%（经常账户余额占 GDP 的比例）的峰值形成鲜明对比（见图 13-1）。目前，我国的贸易依存度的水平在美国、日本这两个典型的大型经济体之间，较为合理（见图 13-2）。这些变化反映了国内市场的发展和贸易质量的提升。

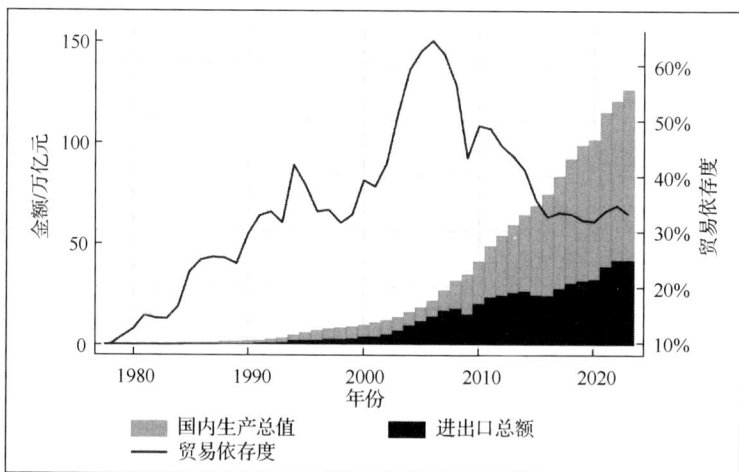

图 13-1　我国的贸易依存度

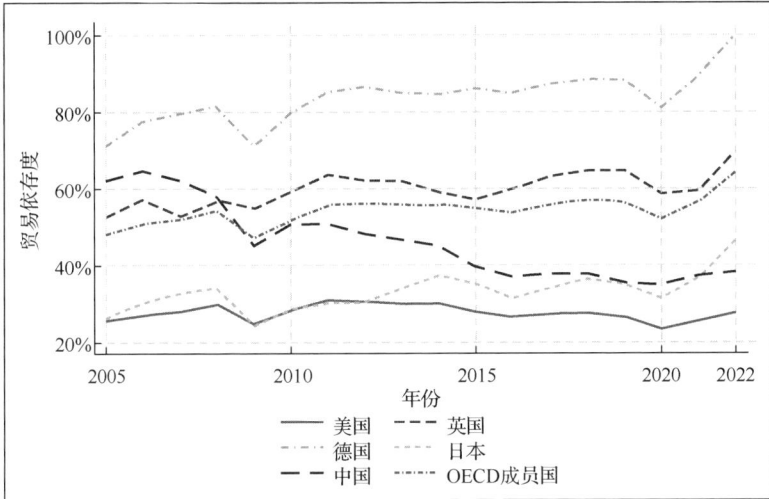

图 13-2　贸易依存度对比

从对全球价值链（GVC）参与程度的角度来看，中国的参与度较高，且在分工中处于上游阶段的中部。如果用中国对进口中间品的使用程度以及中国的中间品在境外的使用程度之和来衡量 GVC 参与度，那么根据联合国贸易和发展组织以及亚洲开发银行等不同数据测算，截至 2022 年，中国的 GVC 参与度处于中高水平，和德国、法国相近，但高于美国和日本，这说明内循环还有提升的空间。GVC 上游度衡量的是外国对中国中间品的依赖程度和中国对外国中间品的依赖程度的对比，在排除原材料供应的因素之外，GVC 上游度反映了一国在全球价值链中是否占据相对有利的位置。经过 20 多年的发展，中国扭转了 20 世纪 90 年代自身 GVC 上游度不断下降的趋势，截至 2022 年，在 40 个主要经济体中中国的 GVC 上游度居中，还有继续提升的空间。

双向的直接投资

1978 年以来，我国出台了一系列吸引外商直接投资的政策，旨在引进先进技术、提高管理效率、加快资本积累，并增强出口能力。根据联合国贸易和发展组织的数据，1978—1991 年，我国的外商直接投资的总流入额为 240 亿美元。1992—2000 年，这一数字激增至 3230 亿美元。2001 年，我国加入 WTO，这一举措加速了中国与全球经济的融合，并吸引了众多希望将中国作为生产基地的外商。到 2008 年时，我国的外商直接投资的总流入量进一步增至 5510 亿美元，年均增长率达到 13%。2008 年全球金融危机后，我国的外商直接投资的增长放缓，年均增长率降至 3%；外资依存度（即外商直接投资占 GDP 的比例）持续下降，其水平和主要发达国家相当（见图 13-3）。

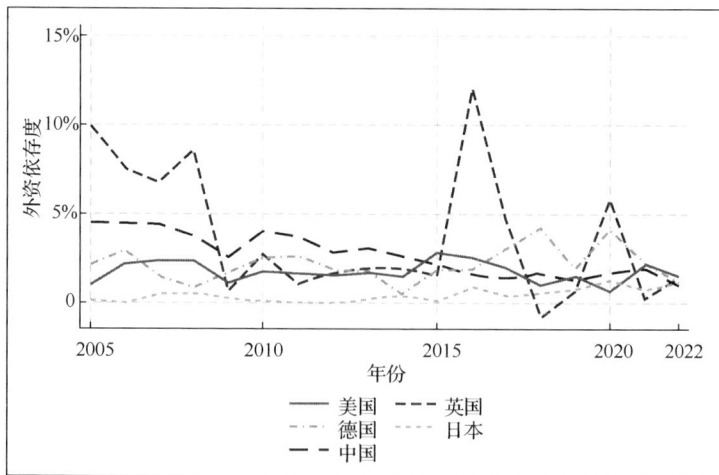

图 13-3　外资依存度对比

截至 2022 年，我国的外商直接投资存量居世界第二位，高达 3.49 万亿美元，仅次于美国的 10.99 万亿美元，高于荷兰的 2.77 万亿美元、英国的 2.71 万亿美元和加拿大的 1.46 万亿美元。同时，我国也成了对外直接投资的重要来源国，2022 年我国对外直接投资规模达到 1490 亿美元。

1999 年，我国启动了"走出去"战略，这一策略主要基于如下几个目的：第一，对外直接投资为我国更有效利用自身积累的外汇储备提供了途径；第二，通过国际并购，我国企业可以在拥有先进技术和人才的国家进行绿地投资，从而获得前沿技术；第三，随着中国经济的增长，建立具有全球影响力的中国品牌变得越来越重要。大多数先进经济体既是外商直接投资的接收国，又是对外直接投资的来源国。显然，要想充分利用资源，就不可避免地要将部分资本分配给其他经济体。

自 1999 年开始，我国的对外直接投资额快速增长，从 1999 年的 18 亿美元增至 2016 年的 1960 亿美元（阶段性峰值），超过了 2016 年的外商直接投资流入额（1330 亿美元）。此后，由于投资效率和金融风险问题，我国的对外直接投资进入了调整期。2022 年，我国的对外直接投资额为 1490 亿美元，同年我国的外商直接投资流入额为 1800 亿美元。展望未来，在外商直接投资和对外直接投资这两个领域，我国都将继续作为重要参与者发挥作用。

国际循环的形势

在当前国际经济环境中，我国在国际贸易和直接投资领域面临一系列中长期挑战，其原因主要有两个。

第一，贸易保护主义抬头。2023 年，我国的出口结构显著优化，特别是新能源相关产业及汽车等行业凭借累积的优势迅速崛起，"新三样"（新能源汽车、锂电池、光伏组件）产品以及燃油汽车的出口大幅增长。然而，面对我国企业的产能和性价比优势，一些发达国家及关键的新兴市场国家已经开始或即将强化贸易壁垒。

第二，全球需求持续疲软。自 2018 年以来，日益加剧的经贸摩擦降低了全球经济效率并限制了贸易增长，而国际局势的变化进一步削弱了贸易的便利性。同时，美国和欧洲国家面临高企的财政赤字和债务负担，其通胀水平也未能恢复到目标水平，这导致主要西方经济体的货币政策仍处于紧缩状态，进一步抑制了它们的经济活动。

面对"百年未有之大变局"，我国如何在国际循环中巩固其原有产业优势并发展新质生产力，成为实现高水平对外开放的首要任务。

国际循环对新质生产力的促进作用

优化新质生产力的要素投入

在全球化时代，我国通过有策略地利用国内外"两个市场、两种资源"，可以优化对劳动力、资本、能源、土地、原材料及中间品的获取和利用，实现发展新质生产力所要求的劳动者、劳动资料、劳动对象的跃升。

优化对劳动力的使用。我国通过引进外商直接投资，不仅引入了资金和技术，同时也带来了高级管理人才和技术人才，这些都对国内劳动力市场的结构和技能水平产生了积极影响。同时，我国企业通过对外直接投资，在海外市场开设分支机构和工厂，不仅增加了我国劳动者的就业机会，还可以利用当地的各种类型和水平的劳动力，增强我国企业的国际竞争力和经营水平。

优化对产业资本的利用。随着我国产业结构的调整和升级，外商直接投资的重点相应转变，从生活服务业、简单加工制造、中高端制造业逐步到现代服务业，持续帮助中国优化资本的行业结构。同时，通过在全球市场的积极扩张，我国企业就能获得更多投资产业的机会，并扩大企业所运用的资本规模和运营的生产能力。

获取能源与原材料。在未来很长一段时间内，我国企业都将面临国内各种资源供给的强约束。要解决这个问题，可以从两个方面下手：一方面通过参与国际贸易直接进口大量能源和原材料，确保国内工业的持续发展；另一方面，通过直接投资那些资源丰富的国家，参与矿产的开采和加工项目，就能从源头确保关键原材料的稳定供应，进而扩大我国企业使用全球资源的能力。

有效利用土地资源。我国通过政策优化和经济区划分，在局部区域特别是在经济特区和自由贸易试验区内试点提高开放水平，促进了土地使用效率的提高。同时，通过对外直接投资，我国企业就能利用国际土地资源进行产业布局，尤其是在劳动力成本较低的地区进行制造业布局，不但可以优化企业全球生产基地的地理分布，而且可以促使我国本土的土地资源得到更好的利用。

参与和利用中间品的全球分工。我国加入 WTO 并深度参与全球供应链，使得我国企业能够更有效地融入全球制造网络。通过进口高质量的中间产品和技术，我国不仅提升了本国产品的质量和竞争力，也促进了产业链的升级换代。同时，随着产业体系的不断发展，我国可以为其他国家提供更多、更好的中间品，而这又为我国发展现代化产业体系提供了新动力。

整体上，对"两个市场、两种资源"的使用极大地增强了我国在全球经济中的地位和影响力。通过有效地利用国内外资源，我国不仅确保了国内经济的快速发展，也促进了国际资源的优化配置。这种战略的实施，确保了我国经济的高质量增长，同时也为全球经济的稳定和发展做出了重要贡献。

提升新质生产力产出的量与质

我国通过参与国际贸易和直接投资，可以显著优化产能布局、产品结构、产品质量和生产效率，有利于实现发展新质生产力所要求的生产要素的优化组合，形成适应全球竞争的先进生产力。

优化产能布局。产能布局与我国的全球化战略和对外开放政策有着极其紧密的关系。通过吸引大量的外商直接投资，中国得以引进各种先进的生产技术、设备、研发能力，这直接提高了国内产业的生产力布局。通过对外直接投资，我国企业不仅可以在自然、人力等资源丰富的国家建立生产基地，还可以将生产能力布局在最终市场或者接近最终市场的地点，实现产能的扩大和优化。

升级产品结构。产品结构优化主要体现在，我国由劳动密集型产业主导向技术密集型和资本密集型产业主导的转变，这种转变得益于国际贸易和直接投资的发展。通过国际贸易和外商直接投资，大量优质产品被引入国内，这为本土企业的产品升级和创新提供了学习对象。同时，在寻求外包或者产业链配套的过程中，外资企业会向本土企业转移相应产品的生产技术，促进了产业升级和产品结构的多元化。

提升产品质量。国际贸易和外商直接投资为我国提供了接触和学习国际先进标准与质量控制体系的机会。为了与外资企业展开合作和竞争，为了符合国际市场的要求，本土企业就必须提升产品质量和标准。此外，通过引进国际先进的生产技术、先进设备、研发力量，我国的制造业能够生产出更符合国际标准的高品质产品，从而提升了中国制造的全球形象和市场竞争力。

提高生产效率。通过国际贸易和直接投资，我国本土企业获得了先进的管理经验和运营技术。通过引进自动化和智能制造系统，我国本土企业显著提高了生产效率并降低了生产成本。中国本土企业效率的提升还来自对外资企业的学习，以及引入接受过外资企业培训的管理者和其他员工。我国本土企业生产效率的提升还得益于对全球供应链的深度整合，通过优化物流和供应链管理，缩短了生产周期，提高了响应市场变化的速度。此外，随着国内外市场竞争的加剧，持续的压力和激励机制促使我国本土企业不断寻求创新和改进，以维持其在国际市场中的竞争优势。

利用国际循环促进新质生产力发展的关键领域

在利用国际循环推动高质量发展和培养新质生产力方面,我国当前面临一系列挑战和机遇。调整贸易结构,吸引外商直接投资,以及统筹推进中间品贸易和对外直接投资,是我国可以着重发力的三个关键领域。

调整贸易结构

我国应抓住数字化发展的趋势,积极扩展服务贸易的领域。尽管我国的经常账户基本保持平衡,近年来贸易顺差占 GDP 的比重一直稳定在 2% 左右,但贸易结构却存在不平衡。具体来说,虽然中国在货物贸易方面始终保持顺差,但在服务贸易方面却持续出现逆差。以 2023 年为例,我国的服务进口额达到 5520 亿美元,而服务出口仅为 3220 亿美元,导致了 2300 亿美元的巨额逆差。服务贸易逆差主要出现在旅行、运输和知识产权领域。

随着服务贸易的进一步发展,我国应重点发展数字化服务贸易,弥补传统服务贸易的不足,从而实现贸易结构的全面优化。通过这种战略调整,我国不仅能够使贸易结构更平衡,还能在全球服务经济中占据更有利的地位,促进经济结构的转型升级，提升国际竞争力。

加大吸引外商直接投资的力度

尽管相对于我国的 GDP 及固定资产投资规模来说，外商直接投资的流入规模并不大，但外商直接投资在发展新质生产力以及稳定社会预期和信心方面仍然扮演着至关重要的角色。一方面，我国仍拥有巨大的潜力吸引外商投资；另一方面，我们必须清醒地认识到，国际经贸摩擦对外资流入所产生的影响。

从长期视角来看，2022 年外商直接投资存量占中国 GDP 的比例为 15.56%，这一数字显著低于美国的 36.43%（见图 13-4），说明我国在利用外商直接投资方面还有很大的提升空间。因此，通过扩大对外开放、给予其国民待遇、优化营商环境等措施增加外商直接投资，成为发展新质生产力的重要任务之一。通过这些措施，我国不仅可以升级产业和优化经济结构，还可以增强与重要经贸伙伴的联系，实现互利共赢。

大力发展中间品贸易和对外直接投资

2023 年中央经济工作会议和 2024 年《政府工作报告》强调，拓展中间品贸易是国际贸易发展的新增长点之一。中间品贸易在稳定出口方面可以起到关键作用。通过出口中间品，中国不仅可以有效利用国内产能，还可以帮助其他国家完成下游生产环节。这种上下游的合作不仅共同扩大了双方的产出规模，还有助于缓解贸易保护主义带来的压力。

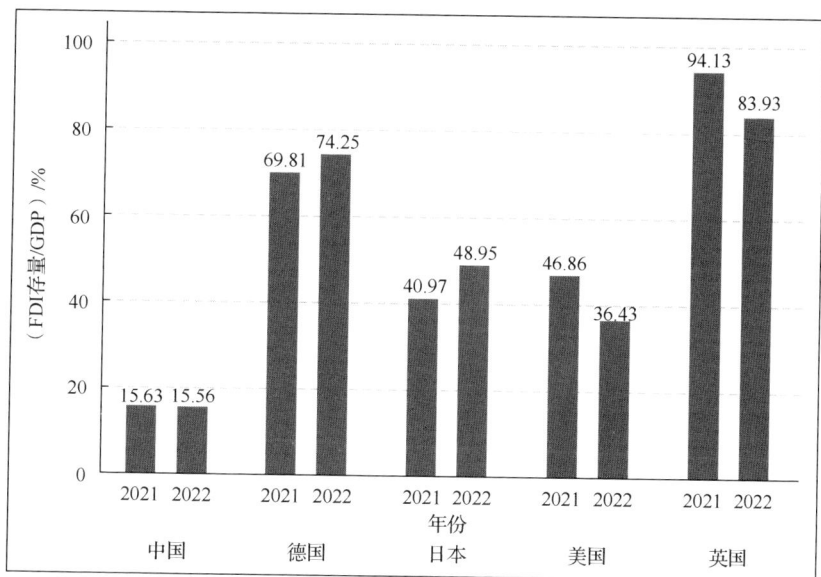

图 13-4　外商直接投资（FDI）存量占 GDP 的比例

同时，中间品贸易对于保持制造业在中国现代产业体系中的核心和基石地位也至关重要。随着劳动力及其他生产要素成本的上升，一些对成本敏感的生产环节的产能持续向成本较低的国家迁移，为了稳定制造业产值在我国 GDP 中的比重及我国在全球制造业中的份额，我国制造业企业需要更多地通过中间品出口参与国际贸易。为此，应在国内为企业创造更优越的制度环境和融资条件，大力发展研发和商务等生产性服务业，以促进企业创新，研发更多高质量的中间品，并推动其向价值链、产业链上游发展。

中间品的出口与对外直接投资之间存在着互相促进的密切关系。20世纪80年代以来，国际分工的高度发展极大地推动了中间品贸易的增长。一方面，跨国直接投资的兴起促使跨国公司将对劳动力、土地、能源等成本敏感的生产环节布局至相应成本较低的国家和地区，这种生产环节的国际转移直接推动了中间品的跨国流动。另一方面，贸易自由化的深入发展降低了中间品跨国流动的成本，使得企业内部生产环节的跨国布局变得更为可行。

因此，要有效地发挥中间品出口的作用，就需要重视我国企业对外直接投资对中间品贸易的引领和带动作用。在鼓励对外直接投资的"走出去"战略中，政府应支持我国不同行业的企业在不同国家和地区采取差异化的国际拓展策略，并从这些丰富的实践中总结经验，推广成功模式。对于重点的投资目标国，政府应在投资协议、安全保障和降低物流成本等方面提供系统性支持。

总结

面对"百年未有之大变局"，我国在高水平对外开放中，需要在新形势下采取有效的战略，利用好国内外"两个市场、两种资源"，促进新质生产力的发展和高质量发展的推进。历史上，国际贸易和直接投资，促进了各种生产要素的增长和优化，也提升了产出的数量、结构和效率。在新的国际环境下，应该努力调整贸易结构，加大吸引外商直接投资的力度，以及统筹推进中间品贸易和对外直接投资。做好这三个关键领域的工作，一方面能在国际循环中更好地推动新质生产力的发展，另一方面也为我国的经贸伙伴提供更广阔的发展机遇。

中美科技博弈与破解"卡脖子"难题

韩鹏飞

在 21 世纪的前二十年中，我国凭借着强大的制造业基础和开放的合作态度，迅速崛起为全球科技大国，与此同时，美国作为全球科技创新的领导者，与我国在科技领域的合作也达到了前所未有的高度。然而近几年，随着全球政治经济格局的变化，中美两国在科技领域的合作也面临着新的挑战。中美科技博弈愈发激烈，"卡脖子"和科技领域的制裁时有发生。这不仅意味着两国在科技领域的合作可能愈发困难，更代表着全球科技格局的重组和创新生态的变革。

中美两国的科技博弈，对于我国的科技安全（尤其是实现高水平科技自立自强，保证产业链、供应链、技术链自主可控、安全可靠）、科技发展（尤其是原创性、颠覆性创新，突破关键核心技术）、产业深度转型升级、扩大高水平对外开放，都有着广泛而深远的影响。有鉴于此，探究中美两国科技博弈的演进态势及其影响，是深入剖析我国新质生产力发展的重要环节。

全面准确地考察科技领域的中美关系，需要区分科技领域

"脱钩"和"依赖"这两个不同的概念。本文中的科技"脱钩"针对的是不同科技体系之间、由于技术标准不同造成的技术发展范式互不兼容。举例来说，我国新冠疫苗基于灭活技术路线，而美国新冠疫苗则是基于 mRNA（信使核糖核酸）技术路线。这一科技"脱钩"的概念，与一国的科技实力并无必然的关系。与之相对的，科技"依赖"这一概念则与一国的科技实力息息相关：一国的科技实力越弱，则其对外国技术的依赖程度越高。

21 世纪创新领域国际格局的变革

进入 21 世纪以来，创新领域的国际格局经历着深刻和剧烈的变革。一方面，美国仍然处于世界头号创新强国的地位，然而其领先优势正逐步被削弱；另一方面，随着我国由"中国制造"向"中国创造"发展模式的转型，我国迅速崛起为具有重要国际影响力的创新大国。这一变动态势，集中体现于中美两国在研究与开发（R&D）投入领域的此消彼长。

图 14-1 刻画了中美两国在创新领域国际影响力的此消彼长，该图中纵轴为中美两国在全球 R&D 投入中的份额。如图 14-1 所示，2000 年美国占全球 R&D 投入的份额高达 36.4%，而我国所占份额仅为 4.5%；然而自加入 WTO 以来，随着我国研发投入的激增，我国占全球 R&D 投入的份额已攀升至 23.3%，而美国的份额则衰减为 25.6%。

2010 年，我国成为世界第一制造业大国，结束了美国对该地位长达 110 年的垄断；2013 年，我国成为货物贸易领域的全球第一贸易大国；2014 年，我国成为按购买力平价计算的全球最大经济体；2019 年，我国向世界知识产权组织提交的国际专利申请数量雄踞全球榜首，从而实现了又一个里程碑式的发展。

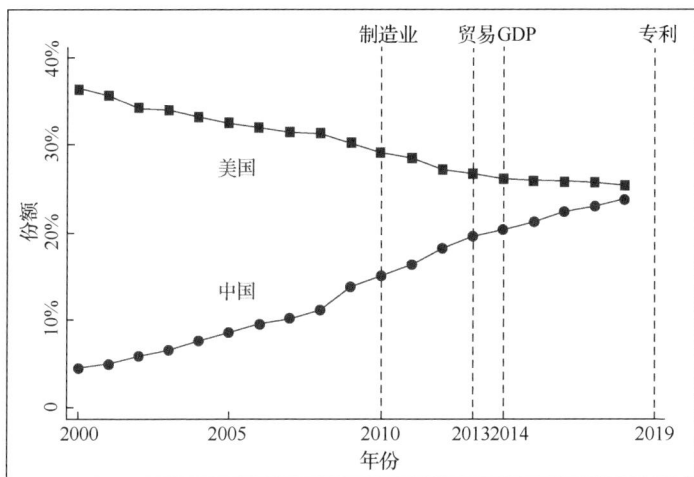

图 14-1 中美两国在全球 R&D 投入中的份额

我国的技术进步，受益于加入 WTO 以来我国科研体系与发达国家的接轨与知识溢出。相较于货物或者服务的跨国流动，知识具有更大的跨国流动性。在 21 世纪全球化的洪流之中，互联网协议、硬件设计和制造、软件开发和部署以及 IT 服务和标准，无不在一个全球范围内的科技体系中发展。然而近年来，全球科技体系出现了 "逆全球化" 的迹象。特别是随着近年来国际地缘政治格局的演变，美国对华的经济制裁和技术封锁愈演愈烈，中美两国的科技体系之间有分道扬镳的迹象，也即当前广为热议的中美 "脱钩"。

21 世纪科技领域的中美关系

21 世纪科技领域的中美关系如何演进？基于上述对中美两

国科技"脱钩"和"依赖"的测度体系，我们在图 14-2 中刻画了 21 世纪科技领域的中美关系。图 14-2 中的中美科技"脱钩"测度表明，自我国加入 WTO 以来，中美两国的"脱钩"测度总体上呈现逐渐降低的趋势。这说明自我国加入 WTO 以来，随着我国科技体系逐渐与发达国家接轨，中美两国科技体系发展的大势是走向相互融合。

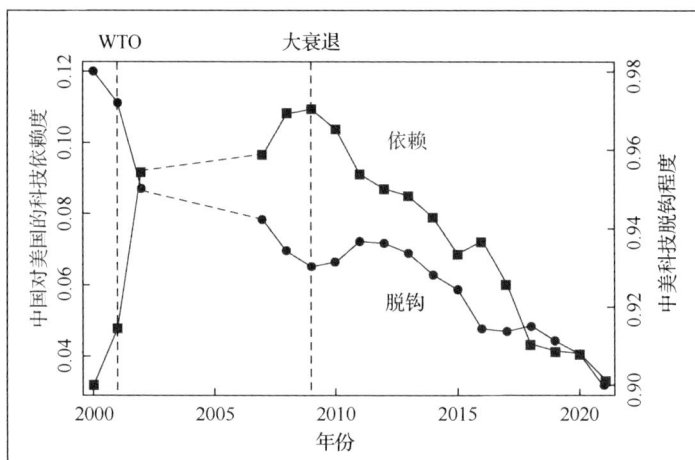

图 14-2 21 世纪科技领域的中美关系

图 14-2 中的中美科技"依赖"测度表明，自我国加入 WTO 以来，我国对美国的科技依赖程度经历了倒 U 型（亦即先上升再下降）的变动态势，其转折点为全球经济大衰退的终结。由此可见，尽管中美两国科技体系发展的大势是走向相互融合，但是融合的性质已经截然不同：全球经济大衰退以前，这一技术体系融

合过程是依赖深化性的融合；但是在全球经济大衰退以后，这一技术体系融合过程是依赖淡化性的融合。

我国对美国的科技依赖程度产生倒 U 型转变的一个重要原因，是在华跨国公司和我国企业之间的知识和技术溢出效应。我国加入 WTO 以后，跨国公司向我国市场大举扩张，尽管给我国企业带来了巨大的竞争压力，但是也使我国企业得到了更好地向国际领先企业学习的机会；通过为在华跨国公司代工和供货等方式，我国企业逐渐学习和模仿国际领先企业，从而在这一过程中增加了对外国科技的依赖程度。然而通过学习和模仿国际领先企业的产品、服务、商业模式、企业运营和管理等先进经验，我国企业不断提升自身的技术水平和市场竞争力；随着我国企业实力的增强，我国最终逐渐降低了对外国科技的依赖程度。

脱钩在不同技术领域内的异质性

中美科技脱钩的程度及其变动态势，在不同技术领域内呈现出异质性。图 14-3 聚焦于如下十大高新技术领域：医药、内燃机、自动驾驶汽车、无人机、半导体、智能手机、神经网络、机器学习、软件以及云计算。图 14-3 中的横轴为中美科技脱钩程度的测度，纵轴为我国对美国的相对科技依赖程度。图 14-3

中的结果表明，相较于成熟技术领域（如内燃机技术），在新兴技术领域（如无人机技术），我国与美国的脱钩程度较高，同时我国对美国的科技依赖程度则较低。

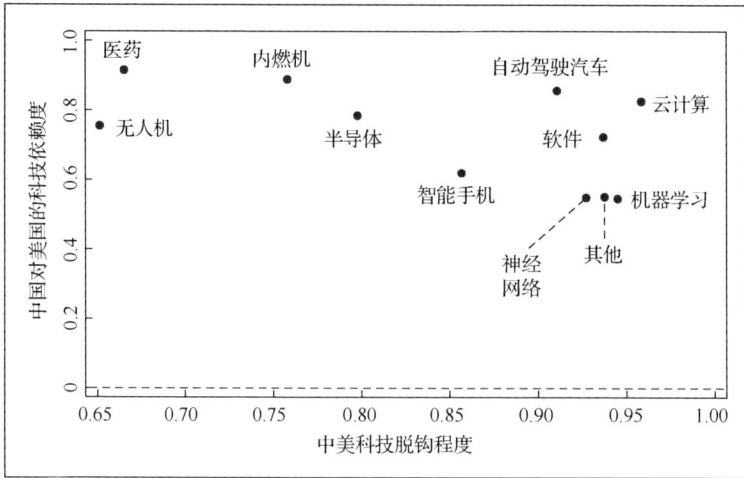

图 14-3　中美脱钩在不同技术领域内的异质性

图 14-4 进一步考察了中美脱钩异质性近年来的变动态势。图 14-4 中的左图和右图分别对应 2015 年和 2021 年的情况。图 14-4 中的结果表明，在这些高新技术领域，近年来中美科技脱钩的程度在加剧，同时我国对美国的科技依赖程度在降低。特别是在有些技术领域（如无人机技术），我国近年来实现了对美国的反向"卡脖子"（也即该领域美国对我国的依赖程度，已经超过了我国对美国的依赖程度）。

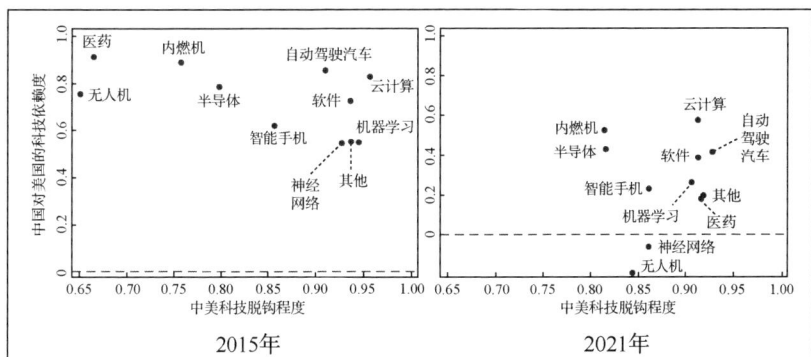

图 14-4　中美脱钩异质性的变动趋势

中美科技脱钩会遏制我国企业创新吗

　　中美科技脱钩，会遏制我国企业创新吗？从理论分析的角度看，中美科技脱钩是否会遏制我国企业创新并不确定。一方面，外国的科技知识对于本国企业存在知识溢出效应，因此外国技术与本国技术构成互补关系；从这个角度讲，科技脱钩会阻碍外国技术对本国的知识溢出，从而抑制本国企业的创新活动。中美科技脱钩的这一影响，可称为脱钩的"互补效应"。另一方面，外国技术与本国技术也是互为替代关系，因为引进外国技术后，本国企业就无须进行自主创新活动，从而避免所谓的"重复发明车轮"的冗余研发活动。从这个角度讲，科技脱钩反而会强化本国企业的创新激励，因为在脱钩的格局下本国企业失去了外国技术来源，只能独自"重复发明车轮"。中美科技脱钩的这一影响，可称为脱钩"替代效应"。由此可见，中美科技脱钩既可能通过其"互补效应"遏制企业创新，也可能通过其"替代效应"促进企业创新。

由于中美科技脱钩对企业的影响从理论上说并不确定，因此需要通过实证研究加以探究。我们的研究并不支持中美科技脱钩会遏制我国企业创新的悲观观点，事实上恰恰相反：脱钩"替代效应"的影响要强于"互补效应"，因此脱钩反而会进一步激励我国企业进行自主研发。

尽管中美科技脱钩看上去会促进企业创新活动的繁荣，然而这并不能提升企业的经营绩效，脱钩反而会带来企业经营绩效的恶化。因为在全球技术可以自由跨国流动的理想状态下，企业可以基于自身的比较优势选择哪些技术自主研发，哪些技术采取"拿来主义"的方式进行技术引进。但是在完全与外界脱钩的情况下，企业将不得不对各项技术进行全面的自主研发，包括那些不符合企业比较优势的技术领域。尽管企业的创新活动看上去更加活跃，然而这本质上是在"重复发明车轮"；企业的这种冗余研发活动未必符合其比较优势，反而可能会损害其经营效率，因此这并不会促进企业经营绩效的提升，反而可能带来企业生产效率和盈利能力的恶化。

中美脱钩对我国和美国企业的
影响截然不同

中美科技脱钩如何影响美国企业？反观美国企业，中美科技脱钩尚未对其产生显著的影响。为什么中美科技脱钩对我国和美国企业的影响截然不同？一方面，这可能是由于美国企业的技术水平总体上更为领先，因此，即便失去了与我国企业的技术往来，对于美国企业研发产生的影响也可能有限。另一方面，中美科技脱钩的国际联动效应，对于中美两国可能存在差异。中美脱钩对于我国企业和美国企业影响的这种高度不对称性，有助于解读两国相关产业政策的意图并评估其政策影响。

站在我国的角度来审视中美科技脱钩，我们需要区分我国"主动"脱钩与"被动"脱钩的不同。"被动"脱钩指的是美国单方面通过实体清单制裁等举措，限制对我国的技术跨国流动，对我国实施技术封锁。"主动"脱钩指的是我国基于自身的科技实力，自发地选择发展独立自主的技术体系。上文中所分析的中美科技脱钩，针对的是"被动"脱钩所带来的影响；而在我国自发地选择主动脱钩的领域，我国企业并未受到负面影响，而是取得了创新和经营绩效的提升。

美国对华经济制裁、技术封锁及影响

美国对华制裁源于中美两国科技实力和国际地缘政治形势的演进。随着近年来国际地缘政治形势的变化，美国政府对我国的技术封锁愈演愈烈，尤其是通过"实体清单"实施的对华经济制裁不断加剧，如图 14-5 所示。美国商务部通过"实体清单"发布受出口管制的实体名单，这些出口管制措施包括对特定产品或技术的出口、再出口或转移的禁止或限制。美国政府的第一份"实体清单"由克林顿政府于 1997 年发布，当年我国仅有一家实体机构（中国工程物理研究院，简称"九院"）被列入制裁名单。在整个布什政府执政时期和奥巴马政府执政的第一个任期内，我国被列入制裁行列的实体数量和技术领域一直处于一个相对较低的水平。随着 2014 年我国成为按购买力平价计算的全球最大经济体，奥巴马政府提出了"重返亚太"战略，同时在其执政的第二个任期内开始加强了对我国的经济制裁及技术封锁，这一趋势在特朗普执政时期得到了进一步的强化。美国的对华技术封锁最初主要集中于军事相关领域，特别是核技术（如遭制裁的中国工程物理研究院）、航空航天技术（如遭制裁的北京航空航天大学）和超级计算技术（如遭制裁的国家超级计算广州中心）。随着美国对华技术封锁的不断加剧，制裁逐渐扩展到民用、商用技术领域，特别是通信技术（如遭制裁的华为技术有限公司），半导体技术（如遭制裁的中芯国际集成电路制造有限公司）和人工智能技术（如遭制裁的北京市商汤科技开发有限公司）。

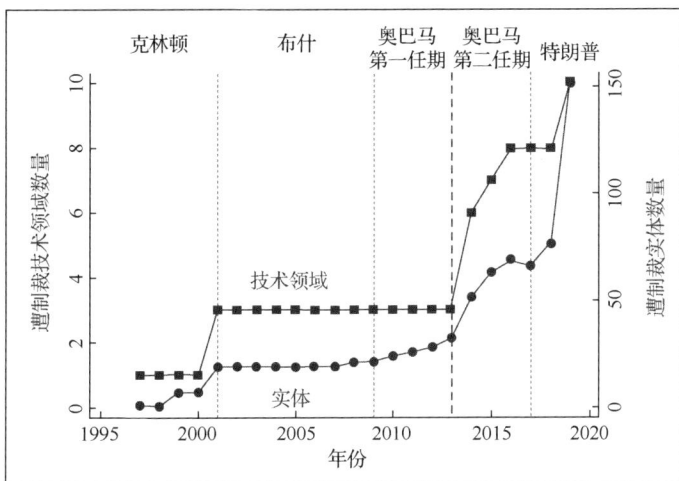

图 14-5 美国通过"实体清单"实施的对华制裁

美国对华制裁是否导致了中美科技脱钩？我们的研究发现表明，美国对华制裁并未能实现其促使中美科技脱钩的政策目标，制裁并未能扭转中美两国科技体系日益联系紧密的大势。我国加入 WTO 之后，中美两国之间的贸易、投资、人才流动均经历了迅猛的发展，这些因素都有助于我国科技体系逐渐与发达国家接轨。自改革开放以来，我国赴海外留学的人员近 500 万人，其中约 420 万人学成后回国；我国在美留学生占美国国际学生总数的约 35%，中国留学生数量位居美国国际学生数量之首。

相较于货物或者服务的跨国流动，知识具有更大的跨国流动性。图 14-6 通过国际合著的科技论文，来刻画科技领域的国际合作，该图的纵轴是美国学者与国际学者合著的科技类论文中各国所占份额。在 21 世纪初，英国和日本分别占美国和国际学者合著的科技类论文数量的 13%和 10%，而中国和印度的份额则远低于此。随着时间的推移，英国的份额大体稳定，而日本的份额近年来已经腰斩为 2000 年水平的一半。与之形成鲜明对比的是，我国的份额已从 2000 年的 5%增长至近年来的 26%；尽管我国份额的增速近年来有趋缓的态势，但仍然保持了不断攀升的趋势。与此相比，同为发展中大国的印度，近年来其份额仍然低于 5%的水平。

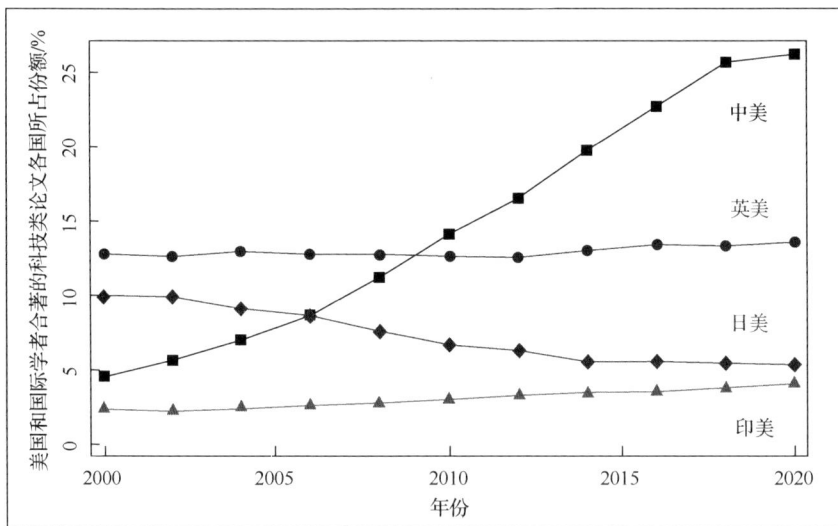

图 14-6　科技领域的国际合作

在企业层面上，我国在遭美国制裁领域的企业表现出了相当的韧性：尽管其经营绩效受到了负面冲击，但是企业研发愈发具有原创性和探索性，企业的创新绩效保持了相当的活力。同时，我国被制裁领域的企业市值并未因制裁出现显著的大幅下跌，这可能部分得益于我国对美国制裁的反制举措。

经贸往来和人才流动，均促进了中美两国科技体系的联系日益紧密，而美国政府单方面的对华制裁，并未能扭转市场力量推动的中美两国科技体系相互融合的大势。我们的实证研究结果表明，促进国际科技体系一体化的产业政策（如我国对战略性新兴产业的扶持政策）与市场力量的作用方向一致，从而加速了中美科技体系相互融合的进程；而意在人为地实现各国科技体系相互脱钩的产业政策（如美国通过"实体清单"实施的对华制裁）与市场力量的作用方向相悖，并未能扭转市场力量推动的中美两国科技体系相互融合的大势。

美国制裁在创新网络架构中的外溢效应

在创新网络架构中，不同行业通过密切而深入的知识联系和技术传导，相互交织为一个有机的整体。尤其是作为世界前两大经济体的中美两国，其创新网络架构更是相互交织、错综复杂，往往是牵一发而动全身。

我们的实证研究结果表明，由于创新网络架构中各个领域之间的相互传导，美国制裁对我国上下游领域带来了网络外溢效应，并且该效应在上下游领域之间呈现出显著的不对称性。如果美国制裁针对我国下游领域，那么制裁产生的网络外溢效应，会促使我国上游行业与国际科技体系脱钩，但同时也会提升我国上游企业的经营绩效，从而难以实现其遏制我国企业发展的目标；反之，如果制裁针对我国上游领域，那么制裁产生的网络外溢效应，会造成我国下游企业经营绩效的恶化，但同时也会加速我国下游企业融入国际科技体系，从而难以实现促使我国与国际科技体系脱钩的目标。

上述研究发现意味着，制裁产生的网络外溢效应，使得美国政府对华制裁的两大政策目标（即遏制我国企业的发展，以及促使我国与国际科技体系脱钩）之间，产生了不可调和的内在矛盾。美国政府的对华经济制裁，并未能精确地针对其打击对象，也并未能实现其政策目标。尽管有时一项制裁政策只是被视为一种温和的限制措施推行，但由于政策制定者意想不到的网络外溢效应，它可能会引发混乱的、失控的"脱钩"，从而不能实现政策预期目标，甚至引发远远超出决策者预期的市场紊乱和动荡。

国产替代、"开放式"安全观与破解"卡脖子"难题

近年来通过国产替代摆脱对外依赖的思潮，部分源于美国对华科技遏制的升级。不过如上文所述，美国的制裁并不成功，而

且其目标本身就存在着不可调和的内在矛盾。有鉴于此，我们既不应轻视美国制裁的影响，也不应因制裁而过度焦虑，以至于打乱了自身的通盘布局和发展步调。

本文关于中美脱钩影响的研究表明，片面地追求完全的国产替代，既具备对于国家安全的战略贡献，又同时存在其内在的局限性。对于科技领域，"安全"这一观念不同于其他领域的安全观。后者（如粮食或能源安全）取决于一个经济体自给自足的能力，但是科技领域的"安全"，其实并不排斥对外依赖，因此需要辨析"封闭式"与"开放式"安全观的异同。

在科技领域，一个经济体固然可通过国产替代摆脱对外依赖，通过"自给自足"实现科技"安全"。这种"封闭式"安全观，将对外依赖与科技安全对立起来，将国产替代视为实现"安全"的唯一途径。与之相反，"开放式"安全观，既不排斥国产替代，也不排斥对外依赖，因为当外国对本国的科技依赖高于本国对外国的依赖时，一个经济体同样可以实现科技"安全"。

从国际经验看，抱持"封闭式"安全观的国家，尽管在科技领域实现了自给自足式的安全，但这种"安全"是在较低科技发展水平上的脆弱的"自给自足"。而秉持"开放式"安全观的国家（如法国），尽管依赖于外国（如欧盟其他国家）技术，但这并不意味着法国失去了安全，因为欧盟其他国家也依赖于（而且往往是更加依赖于）法国；法国与欧盟其他国家的相互依赖，催生了相互的"安全"感，同时也使各国实现了基于各自比较优势的专业化分工和高水平的科技发展。这些秉持"开放式"安全观的国家，往往实现了更高水平的科技发展和经济繁荣。这是因为"开放式"安全有助于技术的自由流动，使企业可以基于比较优势选择哪些技术自主研发，哪些技术采取"拿来主义"方式引进，通过专业化分工提升研发绩效。但在抱持"封闭式"安全观的国家，企业被迫进行全方位自主研发，包括不符合其比较优势的领域。尽管企业创新活动看上去更加活跃，但这本质上是在"重复发明车轮"；企业这种冗余研发活动并不符合比较优势，反而会损害经营绩效。

纵观全球范围内研发范式的演进，世界前沿的研发范式，正逐渐由大企业主导的"封闭式"内部研发模式，转变为基于创新生态系统的"开放式"研发体系。世界前沿技术的研发，曾一度由大企业"封闭式"内部研发模式所主导（如贝尔实验室凭一己之力，斩获 10 项诺贝尔奖），然而该模式逐渐被基于创新生态系统的"开放式"研发体系所取代。如 EUV 光刻机由超过 10 万个零部件组成，绝大多数零部件来源于分布在全球各专业领域的行业翘楚（如物镜系统来源于德国企业蔡司），而光刻机生产商阿斯麦只聚焦于一小部分零部件。经过市场竞争的大浪淘沙，这种基于创新生态系统的"开放式"研发体系，展现出了更强的创新活力和市场竞争力。

对于当今中国，科技发展和科技安全，都是我国重要的发展目标；国产替代、降低对外依赖，只是实现科技安全的一种手段，而并非目标。没有国家（包括美国）能够单独驾驭所有芯片技术，但通过把控芯片技术链的核心技术，美国促成了他国对其不对称、不平衡的依赖局面，从而实现了"开放式"的芯片安全（乃至掌控了整个半导体产业链）。

"开放式"安全观既不排斥国产替代，也不排斥对外依赖，而是引导我们探究二者的最优边界。基于"开放式"安全观，"安全"并不强求在各个领域，都要通过全面国产替代来摆脱对外依赖；将国产替代聚焦于我国具有比较优势和国际竞争力的核心领域，培育他国难以替代、难以复制的技术能力，同样可以实现开放式"安全"。例如芯片技术，一方面我国可着力于技术门槛较低的成熟制程工艺的自主可控；另一方面，对于门槛极高的先进制程芯片，若我国展现出突破特定关键技术的能力，则将大幅削弱外界遏华信心，一些遏华企图也会不攻自破。即便在先进制程的部分领域对外依赖，但若我国掌控独有的、不可或缺的技术，他国将同样依赖于我国；这种相互依赖催生出相互的"安全"感，从而促进技术跨国流动，推动我国科技进步，最终实现科技发展和科技安全的"双赢"。

结语

中美两国的科技博弈，对于我国的科技安全（尤其是实现高水平科技自立自强，保证产业链、供应链、技术链自主可控、安全可靠）、科技发展（尤其是原创性、颠覆性创新，突破关键核心技术）、产业深度转型升级、扩大高水平对外开放，都有着广泛而深远的影响。有鉴于此，探究中美两国科技博弈的演进态势及其影响，是深入剖析我国新质生产力发展的重要环节。

全面准确地考察科技领域的中美关系，需要区分科技领域"脱钩"和"依赖"这两个不同的概念。科技"脱钩"针对的是不同科技体系之间、由于技术标准不同造成的技术发展范式互不兼容，这与一国的科技实力并无必然的关系。科技"依赖"这一概念则与一国的科技实力息息相关：一国的科技实力越弱，则其对外国技术的依赖程度越高。21世纪中美两国的科技"脱钩"和"依赖"，经历了不同的变动态势：自我国加入WTO以来，中美两国的"脱钩"测度总体上呈现逐渐降低的趋势，而我国对美国的科技依赖程度经历了倒U型（即先上升再下降）的变动态势，其转折点为全球经济大衰退的终结。

中美科技脱钩和依赖程度，在不同技术领域内存在着显著的异质性：在成熟技术领域（如内燃机技术），我国与美国的脱钩程度较低，同时我国对美国的科技依赖程度也较高；在新兴技术领域（如无人机技术），我国与美国的脱钩程度较高，同时我国对美国的科技依赖程度则较低。在高新技术领域内，近年来中美科技脱钩的程度在加剧，而我国对美国的科技依赖程度在降低，特别是在有些技术领域（如无人机技术），我国实现了对美国的反向 "卡脖子"（即该领域美国对我国的科技依赖程度，已经超过了我国对美国的科技依赖程度）。考虑到中美科技脱钩和依赖程度在不同技术领域内的异质性，我国的产业政策应针对不同技术领域 "量体裁衣"，而非简单地采取 "一刀切" 的产业政策，尤其是应根据新兴技术领域和成熟技术领域的特性加以区别。

然而这并不必然意味着，中美科技脱钩会对我国企业产生积极的影响。尽管中美科技脱钩看上去会促进企业创新活动的繁荣，然而这并不能提升企业的经营绩效，脱钩反而会带来企业经营绩效的恶化。尽管脱钩后企业的创新活动看上去更加活跃，然而这本质上是在 "重复发明车轮"；企业的这种冗余研发活动未必符合其比较优势，反而可能损害其经营效率，因此这并不会促进企业经营绩效的提升，反而可能带来企业生产效率和盈利能力的恶化。这一研究发现，有助于探究国产替代和技术引进的最优边界。

反观美国企业，中美科技脱钩对其影响，与我国企业截然不同。从实证分析的结果来看，中美科技脱钩尚未对美国企业的创新和经营绩效产生显著的影响。这可能是由于美国企业的技术水平总体上更为领先，以及脱钩的国际联动效应对于中美两国存在差异。中美脱钩对于我国和美国企业影响的这种高度不对称性，有助于解读两国相关产业政策的意图并评估其政策影响。

站在我国的角度来审视中美科技脱钩，需要区分我国"主动"脱钩与"被动"脱钩两种不同的脱钩类型。在我国自发地选择"主动"脱钩的技术领域，中美科技脱钩并未对我国企业的创新和经营绩效产生负面影响。相反地，在我国自发地选择"主动"脱钩的技术领域，我国企业取得了创新和经营绩效的提升。

美国通过"实体清单"实施的对华经济制裁和技术封锁，并未能实现其政策目标：美国制裁并未能真正导致中美科技脱钩，并且我国在遭制裁领域的企业表现出了相当的韧性，尽管其经营绩效受到了负面冲击，但企业研发愈发具有原创性和探索性。由于在创新网络架构中，制裁将对上下游领域带来网络外溢效应，从而使得美国政府对华制裁的两大政策目标（即遏制我国企业的发展，以及促使我国与国际科技体系"脱钩"）之间，产生了不可调和的内在矛盾。由此可见，我们既不应轻视美国制裁的影响，也不应因制裁造成过度焦虑，以至于打乱了自身的通盘布局和发展步调。

不管是对于我国还是美国，一项产业政策是否能实现其目标，需要考虑到相关领域市场力量的动向以及政策反应。促进国际科技体系一体化的产业政策（如我国对战略性新兴产业的扶持政策）与市场力量的作用方向一致，从而加速了中美科技体系相互融合的进程；而意在人为地实现各国科技体系相互脱钩的产业政策（如美国通过"实体清单"实施的对华制裁）与市场力量的作用方向相悖，并未能扭转市场力量推动的中美两国科技体系相互融合的大势。

对于科技领域而言，"安全"这一观念不同于其他领域的安全观。后者（例如粮食安全或能源安全）很大程度上取决于一个经济体自给自足的能力，但是科技领域的"安全"，其实并不排斥对外依赖。在科技领域，一个经济体固然可通过国产替代摆脱对外依赖，通过"自给自足"实现科技"安全"。这种"封闭式"安全观，将对外依赖与科技安全对立起来，将国产替代视为实现"安全"的唯一途径。与之相反，"开放式"安全观，既不排斥国产替代，也不排斥对外依赖，因为当外国对本国的科技依赖高于本国对外国的依赖时，一国同样可以实现科技"安全"。

纵观全球范围内研发范式的演进，自进入 21 世纪以来，世界前沿的研发范式正逐渐由大企业主导的"封闭式"内部研发模式，转变为基于创新生态系统的"开放式"研发体系。尽管通过"封闭式"与"开放式"的途径，都可能实现科技领域的安全，但从国际经验来看，秉持"开放式"安全观的经济体，往往实现了更高的科技发展水平和经济繁荣。

对于当今中国，科技发展和科技安全，都是我国重要的发展目标；国产替代以及降低对外依赖，只是实现科技安全的一种手段，而并非目标。与之相对的，"开放式"安全观既不排斥国产替代，也不排斥对外依赖，而是引导我们探究二者之间的最优边界。

基于"开放式"安全观，"安全"并不强求在各个领域，都要通过全面国产替代来摆脱对外依赖；将国产替代聚焦于我国具有比较优势和国际竞争力的核心领域，培育他国难以替代、难以复制的技术能力，同样可以实现开放式"安全"。例如芯片技术，一方面我国可着力于技术门槛较低的成熟制程工艺的自主可控；另一方面，对于门槛极高的先进制程芯片，若我国展现出突破特定关键技术的能力，则将大幅削弱外界遏华信心，一些遏华企图也会不攻自破。即便在先进制程的部分领域对外依赖，但若我国掌控独有的、不可或缺的技术，他国将同样依赖于我国；这种相互依赖催生出相互的"安全"感，从而促进技术跨国流动，推动我国科技进步，实现科技发展和科技安全的"双赢"。